Für _____

Von _____

5 4 3 2 1 28 27 26 25 24

ISBN 978-3-649-64689-1

© 2024 Coppenrath Verlag GmbH & Co. KG
Hafenweg 30, 48155 Münster, Germany
Illustrationen: © 2024 Marjolein Bastin
Textsatz und grafische Gestaltung: Beate Kahramanlar
Redaktion: Katrin Gebhardt
Printed in Latvia

www.coppenrath.de

Marjolein Bastin

Sonnenschein, Freiheit und eine kleine Blume braucht man

Geschichten und Gedichte zum Glücklichsein

Herausgegeben von Kristina Schaefer

COPPENRATH

Das Glück liegt in den kleinen Dingen

Franz Blei, Das Glück der kleinen Dinge 9

Blaise Pascal, Das Ganze im Kleinsten 10

Johannes Schlaf, Ein Frühlingstraum 12

Otto Julius Bierbaum, Das grüne Blatt 18

Walt Whitman, Ein Grashalm 19

Rainer Maria Rilke, Was kaum einer sieht 21

Johann Gottfried von Herder, Die Kraft, die in mir ... 24

Karel Čapek, Warme, leichte, gute Erde 23

Vincent van Gogh, Ein Stück Waldboden 24

Arno Holz, Das Lied vom Glück 26

Bruno H. Bürgel, Was ist das Glück? 27

Das bloße Gefühl, zu leben ...

Virginia Woolf, Was ist das Leben? 34

Cäsar Flaischlen, Das ist das Leben 36

Hans Christian Andersen, Der Schmetterling 38

Else Lasker-Schüler, Ich bin verliebt in die Welt 42

Rosa Luxemburg, Ein Herz zum Freuen 44

I Ging, Der Friede, die freie Entfaltung 47

Daniel Defoe, Robinson Crusoe 48

Eva Strittmatter, Anbeginn 50

Genieße den Augenblick

Andrea Schomburg, Des Alltags bunt getupftes Grau   54
Theodor Fontane, Ich denke, das heißt leben   55
Victor Auburtin, Das Leben   56
Heinrich Seidel, Schmetterlingslied   57
Friedrich Nietzsche, Vom Stundenzeiger des Lebens   58
Voltaire, Die Zeit   59
Julius Kreis, Kalenderzeit   60
Jean Paul, Trost   62
Christian Morgenstern, Siehe eine Sanduhr   63
Victor Auburtin, Das Motorrad   64
Georg Christoph Lichtenberg, Jeden Augenblick   66
Søren Kierkegaard, Mondnacht   67

Schöpfe Kraft aus der Natur

Cäsar Flaischlen, Ich möchte einmal ein Buch schreiben   70
Henry David Thoreau, Leben in der Natur   71
Georg Christoph Tobler, Natur!   75
Rainer Maria Rilke, Es gibt so viele Dinge   76
Wilhelm Busch, Immerhin   77
Johannes Schlaf, Sonne! Sonne!   78
Johann Peter Uz, Der Weise auf dem Lande   81
Paul Keller, Herbst   82
Gyula Krúdy, Das brauchst du   83
Cäsar Flaischlen, Ich hab es gerne …   84
Nach Paul Keller, Alles hat seine Zeit   86
Karel Čapek, Winterschlaf?   89

Jeder Tag ist ein Geschenk

Walt Whitman, Tagesanbruch 94

Elizabeth von Arnim, Frühling im Garten 96

Adalbert Stifter, Heiterer Himmel 98

Jean Paul, Wie nach einem warmen Regen 99

Cäsar Flaischlen, Einzig schöne Tage 100

Robert Musil, Atemzüge eines Sommertags 101

Henry Wadsworth Longfellow, Sommerszeit 102

Kurt Tucholsky, Die fünfte Jahreszeit 104

Bruno H. Bürgel, Dämmerstunde 106

Ferdinand Avenarius, Vom Kirschbaum 109

Es gibt überall Blumen für den, der sie sehen will

Dschalāl ad-Dīn Muhammad Rūmī, Achte gut auf diesen Tag 112

Søren Kierkegaard, Vogel und Lilie 113

Christian Morgenstern, Von Herzen froh 114

Mark Twain, Unter dem Himmel 115

Victor Auburtin, Bummelzug nach Norden 116

Walt Whitman, Das Lied der Welt 118

Richard von Volkmann-Leander, Der Wunschring 120

Hermann Bahr, Der Garten 126

Rainer Maria Rilke, Der Gärtner 127

Victor Auburtin, Lohnte es sich? 129

Freude verdoppelt sich, wenn man sie teilt

Johann Wolfgang von Goethe, Die Welt 132

Augustinus Aurelius, Über die Freundschaft 133

Khalil Gibran, Von der Freundschaft 134

George Eliot, Oh, das Wohlgefühl 136

Rahel Varnhagen, Vertrauen 137

Nach Salomon Gessner, Der arme Hirt 138

Cäsar Flaischlen, Liebeslied 140

Nach Selma Lagerlöf, Reors Geschichte 141

Irischer Segen, Mögen alle deine Träume wahr werden 145

Klaus Bonhoeffer, Brief an meine Kinder 146

Max Ehrmann, Desiderata 149

Quellen 152

Das Glück liegt
in den kleinen Dingen

Achte auf das Kleine in der Welt,
das macht das Leben reicher
und zufriedener.

Carl Hilty

Das Glück der kleinen Dinge

Wer nicht zu schwimmen versteht, der bleibt besser in der Badewanne. Das Meer ist Schmeichelei und Zärtlichkeit nur für den, der mit ihm spielt. Das Leben ist dem gnädig, der es zu entzücken versteht. Das sogenannte Glück will gelernt sein wie Koloratursingen. Die Anstrengung ist das Geringste dabei, mehr die Intelligenz, noch mehr der Wille. Der Geschmack am Leben leitet dabei, was wie ein Strom durch uns zieht. Es gibt ein Glück in den kleinen Dingen; wer es fühlt, der wird auch das Glück in den großen Dingen erfahren. Welche Schönheit versteht Ihr Blick dem zu geben, das Ihre Augen ansehen? Haben Sie manchmal solchen Hunger, dass Sie trockenes Brot essen? Lieben Sie die frische Kälte einer Quelle im Gebirge? Gilt Ihnen der Duft einer vergessenen Rose gleich viel wie die Süßigkeit neuer Lippen? Wer das Glück dieser kleinen Dinge kennt, wird das Glück der wahren Liebe erleben.

Franz Blei

Erkenntnis dessen, was groß und klein ist –
schwerste Wissenschaft in diesem Leben.

Henriette Feuerbach

Das Ganze im Kleinsten

Was ist der Mensch im Unendlichen? Wer kann es begreifen? Aber um ihm ein anderes ebenso erstaunliches Wunder zu zeigen, forsche er in den kleinsten Dingen, die er kennt. Eine Milbe z.B. biete ihm in der Winzigkeit ihres Körpers Teile unvergleichlich viel winziger, Beine mit Bändern, Adern in diesen Beinen, Blut in diesen Adern, Feuchtigkeit in diesem Blut, Tropfen in dieser Feuchtigkeit, Dämpfe in diesen Tropfen; er erschöpfe, indem er auch diese letzten Dinge noch heilt, all seine Begriffskräfte, und der letzte Gegenstand, zu dem er gelangen kann, sei jetzt der unserer Betrachtung. Er denkt vielleicht, dies sei die äußerste Kleinheit der Natur. Ich will ihn darin einen neuen Abgrund sehen lassen. Ich will ihm nicht nur das sichtbare Universum, sondern auch alles, was er von der Unendlichkeit der Natur zu begreifen fähig ist, in dem Umkreis dieses unsichtbaren Atoms ausmalen. Er erblicke darin eine Unendlichkeit von Welten, deren jede ihr Firmament, ihre Planeten, ihre Erde hat in demselben Verhältnis wie die sichtbare Welt; auf dieser Erde Tiere, schließlich auch wieder Milben, an denen er wiederfindet, was er an den ersten gesehen, und noch an diesen anderen findet er wieder

dasselbe, ohne Ende und Ruhe. Er verliere
sich in diesen Wundern, die vermöge ih-
rer Kleinheit ebenso erstaunlich sind wie
die anderen vermöge ihrer Größe. Denn
wer wird nicht bewundern, dass unser Körper
eben noch nicht wahrnehmbar im Universum, das
seinerseits nicht wahrnehmbar im Busen des All, jetzt ein
Koloss, eine Welt, ja vielmehr ein All ist gegenüber der äu-
ßersten Kleinheit, zu der man nicht gelangen kann?

Blaise Pascal

Jeder Baum, jede Hecke ist ein Strauß von Blumen,
und man möchte zum Maienkäfer werden,
um in dem Meer von Wohlgerüchen herumschweben
und alle seine Nahrung darin finden zu können.

Johann Wolfgang von Goethe

Ein Frühlingstraum

Draußen am Hinterdeich hab ich mein Duselplätzchen.
Ein kleines Stündchen geht's durch die blütendurchwölk-
ten Gärten, an Blumenbeeten, Gräben, Wiesen und Fel-
dern vorbei, und ich bin an Ort und Stelle.

Und dann lieg ich tief im Gras, in der hellen Sonne, die
Hände unterm Genick, und pfeife und simuliere in den
blauen Himmel und die milchweißen Frühlingswolken hi-
nein. Blühender Weißdorn über mir. Der frische Wind drin
und Bienen, Hummeln, Fliegen und Schmetterlinge. In die
Länge und Breite dehnen sich vor mir die Wiesen hell gegen
dunkelgrüne Binsenstrecken hin zum Fluss hinunter, wogen
und gleißen mit smaragdenen Wellen. Und in weiten Farben
breitet sich roter Sauerampfer dazwischen und lilaweißes
Schaumkraut mit zierlichen Dolden, gelbe Ranunkeln und
Kuhblumen, und mit feinem rauchigen Silberflimmer die
tausend und tausend Lichterchen der Butterblumen.

Langsam, im Schritt weidend, tauchen Kühe drüben auf
dem andern Ufer aus dem frischgrünen, lichtflinkernden
Erlengehölz. Braune, schwarze und gefleckte. Sie rupfen

und brüllen. Und gemächlich her bis gegen die blitzende stillgleitende Fläche. Hoch aber aus dem weit gewölbten weißlichen Blau die Lerchen, und Kiebitze hinter mir auf den Wiesenbreiten, Elstern und Raben. Kuckuck, Stare und Finken im Gehölz und aus den tiefen grünen Dämmerungen heraus die Nachtigall.

Fern, weit vom Fluss herübergetragen, das Tuten eines Dampfers und das Kreischen der Möwen.

Hergetragen und verweht, aufjubelnd und verebbend hundert und hundert Laute und Lieder; und der herrliche, fröhliche Tumult der weiten Farben: hell, verhauchend, nah und fern, gleißend und sänftigend.

Und die warme, helle Sonne. Die stille, stille Sonne…

Meiner Einsamkeit entgegen.

So lustig bin ich, so stillfröhlich, so zutäppisch liebevoll wie ein Kind.

Mit jedem Pulsschlag, mit jedem Beben meines Körpers, mit jeder Bewegung liebkose ich die weit und lustig gebreitete Welt. Und mich liebkosen die Käfer, die Blumen und Bäume mit Summen und Blüten und Laub, mit Farben und Düften und hundert sanften Berührungen. Der leise Wind durch Blätter und Gezweig liebkost mich, kühle Schatten und helle, warme Lichter, blaue Fernen und heitre Nähen, ziehende Wolken und Wellen.

Zwischen einem Getreidefeld und dem Erlengebüsch eines Grabens schlendre ich hin.

Hoch ragt es über mich hinauf, hinein in endlos tiefe, klare Bläue. Lichtglänzendes Laub und wogende, wellende Halme biegen sich zu mir her, vor mir, hinter mir, zu beiden Seiten. Ganz, ganz versunken bin ich in jungem, duftendem Grün; über und über ist mein Kleid voll gelben Samenstaubs und seines Blütengeriesels.

Kühles, wogendes, anschmiegendes Schmeicheln. Weite, weite jubelnde Bläue. Mückenspiel vor mir her und auf blinkendem Gekräusel stille, weiße Blumen …

Hier lieg ich nun unter meinem Weißdorn, spiele und wandle mich nach Herzenslust …

Tiefer den Kopf ins Gras zurück.

Nun macht mich mein begehrender, ahnender Sinn kleiner und immer kleiner, und nun bin ich winzig, ganz ganz winzig klein.

Ich habe ein goldgrünes Röckchen auf einem runden, festen, geschmeidigen Körperchen, tripple mit sechs flinken Beinchen und habe zwei Äugelchen wie rote Rubinen, zwei scharfe, feine Äugelchen. Schlüpfe, schmiege, winde mich durch eine wunderliche, üppig verschlungene Endlosigkeit, wandere und weile und wandere wieder, emsig, rastlos.

Von hier bis zum Fluss hinunter sind nun viele, viele Meilen, und da unten ist ein Meer, ein unabsehbares, strahlendes Meer.

Ich wandre und wandre, raste mit atemlosem Staunen, und wandre wieder, schaue und staune.

Jetzt bin ich tief, tief unten, in einem feuchten, braunen Dunkel. Da ist ein millionenfaltiges Gewirr von Formen, Farben und Körpern. Da spreizt sich in dicken, dichten

Ranken häres Gekrissel, da filzt es sich über- und durcheinander mit Milliarden von Spitzchen und Hälmchen, von Blättchen, Knöspchen und Blüten. Millionen mächtiger Stämme im dichten Beieinander streben draus empor. Große, rote Würmer schlingen sich zwischen ihnen hin, und es kribbelt und schlüpft und kriecht und schmiegt sich, zirpt, singt, pfeift und raschelt in einer Welt von Tönen, die noch nie mein vordem ungefüges Menschenohr vernommen hat, von Formen und Körpern, dunkel und bunt, wie sie nie mein Menschenauge sehen konnte. Die seh ich alle mit meinen feinen, roten Äugelchen, und höre sie mit einem scharfen, unendlich scharfen Gehör, und nehme das alles wahr mit zarten Sinnen.

Da glimmt Feuchte in feinen Perlchen, und in ihnen lebt das durchsichtige Getümmel neuer Welten in heimlicher Irispracht. Da dehnt es zarte Körperwände und zieht sie zurück. Da rinnt es zusammen, wächst und teilt sich. Da keimt es und bildet sich's, verschlingt und wehrt sich's im unendlichen Wechsel, im ewigen Hin und Wider.

Und aus tiefstem braunen Dämmer streb ich hinauf am Schaft eines Grases, das nun ein Baum ist, ein mächtiger Baum, und strebe einem Schimmer nach, einem Glanz entgegen.

Ich fühle, wie es unter mir da drinnen sich dehnt und mehrt, wie es rauscht von Säften und gärt mit freudigem, sehnendem Wachstum. Und nun teilt sich der Schaft in breite, langgespreizte Halme, und sie wieder mischen sich in ein milliardenfältiges, lichtgrünes Gewirr im ewigen

Wechsel schwankender Biegungen. Millionen mächtiger Diamanten aneinander hingereiht in gleißender Pracht an den Rändern langgestreckter Stängelblätter. Flinkern und Leuchten silbriger Härchen. Lustiges Getier dazwischen mit tausend Tönen und Farben, mit Zirpen, Summen, Schrillen und Jauchzen, mit schwirrender Flügelpracht.

Lichter wird es nun und lichter. In einem sanften Biegen und Wiegen bin ich. Da seh ich die unerhörte Schönheit riesiger, leuchtender Farbenwunder gegen ein unendliches, laut, laut jubelndes Blau. Mächtige, silberweiße Sterne schaukeln da oben mit blitzenden Schwingungen auf schlanken, rauchflaumigen Stielen. Ich sehe runden Silberrauch, der sich um weißgrüne Kelchknöpfe ballt. Und blendend goldene große und kleine Sterne. Sanft gewiegte, still strahlende, fröhlich blitzende Wunder. Unzählige blaue, lilaweiße, rote, violette, tausendfarbige Kelch- und Glockenpracht, gezackt, beperlt, bewimpert, glatt, mit seinem Netzwerk bunter Äderchen, im dicht und weit geregelten Beieinander an schlanken und dicken runden Stängeln hinauf. Buntes, süß verwirrendes Gekrissel von Grasdolden und die tief glühende, breit entfaltete Pracht des roten Mohns.

Und höher, immer höher!

Auf dem goldenen Kelchknopf eines riesigen, silber leuchtenden Sternes sitz ich, oben, hoch oben auf dem höchsten Wipfel, und schaukle mit selig dämmernden Sinnen, betäubt von Duft, Licht und dem weiten, unendlichen Einklang holden Getöns. Bunte, breit entfaltete

Schwingenpracht gleißt über mir und an mir hin, rastet, bebt, glänzt, leuchtet auf herrlichen Blütenwundern, surrt und tönt in berauschenden, taumelnden Tänzen hinein in die warme, lichte Unendlichkeit. Jauchzende, kreischende, glockenklar süße, brüllende, wiehernde, zwitschernde, millionenstimmige Lust.

Und süße, warme Kraft in den Muskeln meiner Schwingen und bebende, sehnende Lust in meinem Leib. Und auf, hoch hoch hinauf in Wärme, Lichtflut, Glanz und Farbe. Und von mir geht ein Tönen aus, ein feines, wunderliches Tönen …

Jetzt will ich ein Prophet sein, ein Seher.

Die Blumen blühen, die Bäume rauschen, die Wasser plätschern, die Vögel singen und der Himmel blaut mir durch die weite, reifende Mittagsstille Offenbarungen, und das endlose Beieinander und Ineinander aller Wesen leuchtet mir eine Offenbarung.

Ich stammle Verheißungen, die sich erfüllen: jetzt, morgen, in hundert, in tausend oder in hunderttausend Jahren, hier, dort, irgendwo; die Wirklichkeit sind und sich erfüllt haben, jetzt, gestern, vor hundert, vor tausend oder hunderttausend Jahren, hier, dort, irgendwo …

Alles, alles ist eine einzige, große, fröhliche Einheit und alles Lebendige eine einzige große Familie.

Johannes Schlaf

Das grüne Blatt

Vor meinem Fenster weht
ein Blatt; – der grüne Schein
soll meine Zuversicht
und liebe Ruhe sein.

Vor meinem Fenster weht
ein Blatt. Wir leben so
im leisen Auf und Ab
und sind des Schwebens froh.

Vor meinem Fenster weht
ein Blatt. Mir ist so gut.
Komm an mein Herz, du Grün,
das solche Wunder tut.

Otto Julius Bierbaum

Ein Grashalm

Ich glaube, dass ein Grashalm
nicht geringer ist als ein Tageslauf
der Gestirne;
und die Ameise ist ebenso vollkom-
men wie ein Sandkorn und des Zaun-
königs Ei.
Und die Baumkröte ist ein Meisterstück vor
dem Auge des Allerhöchsten;
und die Brombeerranken könnten die Hallen des
Himmels schmücken;
und das schmalste Gelenkband meiner Hand verspot-
tet jede Maschine;
und die mit gesenktem Haupt kauende Kuh übertrifft je-
des Bildwerk;
und eine Maus ist Wunders genug, um Sextillionen von
Ungläubigen wankend zu machen.
Ich glaube, mein Körper enthält Gneis, Kohlen, langfasri-
ges Moos, Früchte, Ähren, essbare Wurzeln.
Und ich bin über und über mit einer Stuckatur von Vier-
füßlern und Vögeln bedeckt;
und ich habe aus guten Gründen zurückgelassen, was hin-
ter mir liegt,
kann aber jegliches, wenn ich es wünsche, wieder zurück-
rufen.
…

Ich meine, ich könnte mich zu den Tieren wenden und mit
ihnen leben;
sie sind so ruhig und selbstständig;
ich stehe und betrachte sie lange und lange.
Sie schwitzen und klagen nicht über ihre Lage,
sie liegen nicht im Dunkel und weinen über ihre Sünden,
sie elenden mich nicht durch Debatten über ihre Pflicht
gegen Gott;
kein einziges ist unzufrieden; kein einziges besessen von
der Gier nach Besitz;
kein einziges kniet vor einem andern oder vor einem sei-
nesgleichen,
der vor Tausenden von Jahren lebte,
kein einziges ist erhaben oder unglücklich auf der ganzen
Erde.

Walt Whitman

Was kaum einer sieht

Wenn Sie sich an die Natur halten, an das Einfache in ihr, an das Kleine, das kaum einer sieht und das so unversehens zum Großen und Unermesslichen werden kann; wenn Sie diese Liebe haben zu dem Geringen und ganz schlicht als ein Dienender das Vertrauen dessen zu gewinnen suchen, was arm scheint: Dann wird Ihnen alles leichter, einheitlicher und irgendwie versöhnender werden, nicht im Verstand vielleicht, der staunend zurückbleibt, aber in Ihrem innersten Bewusstsein, Wach-sein und Wissen.

Die meisten Menschen wissen gar nicht, wie schön die Welt ist und wieviel Pracht in den kleinsten Dingen, in irgend einer Blume, einem Stein, einer Baumrinde oder einem Birkenblatt sich offenbart. Die erwachsenen Menschen, die Geschäfte und Sorgen haben und sich mit lauter Kleinigkeiten quälen, verlieren allmählich ganz den Blick für diese Reichtümer, welche die Kinder, wenn sie aufmerksam und gut sind, bald bemerken und mit dem ganzen Herzen lieben ...

Das Kleine ist ebenso wenig klein als das Große groß ist. Es geht eine große und ewige Schönheit durch die ganze Welt, und diese ist gerecht über den kleinen und großen Dingen verstreut.

Rainer Maria Rilke

Die Kraft, die in mir denkt und wirkt,
ist ihrer Natur nach eine so ewige Kraft wie jene,
die Sonnen und Sterne zusammenhält;
ihr Werkzeug kann sich abreiben,
die Sphäre ihrer Wirkung kann sich ändern,
wie Erden sich abreiben und Sterne ihren Platz ändern;
die Gesetze aber, durch die sie da ist und in andern
Erscheinungen wiederkommt, ändern sich nie.

Johann Gottfried von Herder

Warme, leichte, gute Erde

Der Mensch kümmert sich wirklich nicht darum, worauf er tritt, rennt wie ein Narr irgendwohin und sieht höchstens die schönen Wolken dort oben oder den schönen Horizont oder die herrlich blauen Berge da hinten; aber niemals blickt er unter seine Füße, um lobend zu sagen, dass hier ein schöner Boden sei. Solltest ein Gärtchen so groß wie eine Handfläche haben, solltest wenigstens ein Beet haben, um zu erkennen, auf was du trittst. Dann würdest du sehen, dass nicht einmal die Wolken so mannigfaltig, so schön und schrecklich sind wie der Boden unter deinen Füßen. Du würdest den sauren, bindigen, lehmigen, kalten, steinigen und elenden Boden unterscheiden lernen; würdest eine wie Lebkuchen lockere, wie Brot warme, leichte und gute Erde schätzen lernen und von ihr sagen, dass sie schön ist, so wie du es von den Frauen oder den Wolken sagst. Würdest ein besonderes, sinnliches Wohlgefallen verspüren, wenn dein Stock ellentief in die lockere und mürbe Erde hineinstieße oder wenn du einen Erdklumpen in der Hand knetetest, um seine luftige und feuchte Wärme zu fühlen … Von diesem Augenblick an wirst du nicht mehr auf der Erde gehen, ohne zu wissen, worauf du trittst. Wirst mit der Hand und dem Stock jedes Häuflein Erde, jedes Stück Feld probieren, so wie ein anderer Sterne, Menschen und Veilchen betrachtet.

Karel Čapek

23

Ein Stück Waldboden

Ich habe mich gestern Abend mit dem sacht ansteigenden Terrain des Waldbodens, der ganz mit dürren, welken Buchenblättern bedeckt ist, beschäftigt. Den Grund bildet ein helleres und dunkleres Rotbraun mit Schlagschatten von Bäumen, die wie Streifen darüber hinlaufen, flauer oder kräftiger hingesetzt. Die Aufgabe ist – und ich finde das sehr mühsam –, die Tiefe der Farbe herauszukriegen und die enorme Kraft und Festigkeit des Terrains – und doch merkte ich bei der Arbeit, wie viel Licht auch noch in der Dunkelheit saß! Das Licht muss man geben und doch die Glut, die Tiefe der reichen Farbe festhalten. Denn es ist kein Teppich denkbar, so prächtig wie jenes tiefe Braunrot in der Glut einer gleichwohl durch die Bäume gedämpften Herbstabendsonne.

Auf diesem Boden wachsen Buchenstämme, die auf der einen, vom hellen Licht beschienenen Seite glänzend grün sind, während die Schattenseite der Stämme ein warmes starkes Schwarzgrün zeigt. Hinter den Stämmen, hinter jenem braunroten Boden wird ein Himmel sichtbar, ganz fein blau, von warmem Grau – beinahe nicht mehr Blau – und dagegen steht ein duftiger Hauch von Grün und ein Netzwerk von Stämmen mit gelblichen Blättern. Die Gestalten einiger Holzsucher schleichen umher wie dunkle mysteriöse Schatten. Die weiße Haube einer Frau, die sich bückt, um ein paar dürre Äste aufzunehmen, hebt sich plötzlich von dem tiefen Rotbraun des Bodens ab. Ein Rock fängt Licht, ein Schlagschatten fällt, die dunkle Silhouette eines Mannes erscheint oben am Waldrand. Eine weiße Haube, die Schultern und die Büste einer Frau heben sich von der Luft ab. Die Gestalten sind groß und voller Poesie – und erscheinen in der Dämmerung des tiefen Schattens wie riesengroße in einem Atelier entstandene Terracotten. So beschreibe ich Dir die Natur; wieweit ich sie in meiner Skizze wiedergegeben habe, weiß ich nicht, wohl aber, dass die Harmonie von Grün, Rot, Schwarz, Gelb, Blau und Grau mich frappierte …

***

Wer gesund ist, muss von einem Stück Brot leben und dabei den ganzen Tag arbeiten können. Auch eine Pfeife Tabak und einen gehörigen Schluck muss er vertragen, denn ohne das geht's nun mal nicht. Und dann noch Empfindung haben für die Sterne und den unendlichen Himmel. Dann ist es schon eine Wonne, zu leben!

Vincent van Gogh an seinen Bruder Theo

25

Das Lied vom Glück

Über die Welt hin ziehn die Wolken,
grün durch die Wälder
fließt ihr Licht.
Herz, vergiss!

In stiller Sonne
lebt lindester Zauber,
unter wehenden Blumen blüht tausend Trost.

Vergiss! Vergiss!

Aus fernem Grund pfeift, horch, ein Vogel …
Er singt ein Lied.

Das Lied vom Glück!

Vom Glück.

Arno Holz

Was ist das Glück?

Wie vielgestaltig, wie oft merkwürdig verschroben und verborgen ist das, was der einzelne Mensch für sein „Glück" hält.

Man kennt die Geschichte von dem armen Steinklopfer am Straßenrand, der auf die Frage, was er zuerst machen würde, wenn er zehntausend Mark auf der Lotterie gewänne, naiv antwortete: „Ich würde mir ein Paar feste Lederhandschuhe kaufen, damit mir die Hände nicht fürderhin beim Steinklopfen zerschunden werden!"

Es gibt keine gütigen Feen mehr, die uns im Märchenwald Lebenswünsche erfüllen, aber es ist gar nicht so müßig, darüber nachzudenken, wie relativ der Wert dessen ist, was wir uns wünschen würden, um „glücklich" zu sein. Das beweist die Geschichte von den vier Wanderburschen, die einst, vor langer Zeit, in einer kümmerlichen Herberge im Frankenwald das Strohlager teilten. Lange wälzten sie sich, als sie den letzten Brotkanten verzehrt, den letzten Schluck aus der Flasche getrunken, auf den knisternden Halmen umher und beklagten die Dürftigkeit ihres Daseins, da öffnete sich plötzlich die Tür, und eine lichte Gestalt trat in den elenden, düsteren Raum. Sie gab jedem einen Wunsch frei, sein Schicksal zu ändern: „Überlegt es wohl und reichlich, denn nur einmal reicht das Glück euch die Hand, und wie ihr's euch einrichtet, so wird es unwiderruflich sein!"

Lange und ungläubig schwiegen die Männer zunächst, sie blickten verlegen umher und kauten nachdenklich an den Strohhalmen, bis der Mutigste entschlossen sagte: „Geld regiert die Welt; ich wünsche mir, r e i c h zu sein!"

Der Zweite, ein Pfiffikus, der gern wie ein Schulmeister daherredete, sagte sich, dass man zu Geld und noch manchem dazu gelange, wenn man nur klug und weise wäre, genau Bescheid wüsste über Himmel und Erde und die verzwickte Welt der Menschen. So sagte er: „Ich will w i s s e n d werden und gelehrt!"

Der Dritte hatte sich inzwischen dran erinnert, dass seine alte Mutter zeit ihres Lebens betonte, Gesundheit sei das höchste Gut auf Erden. Und da er ein rechter Schwachmatikus war, oft gehänselt von den kräftigen Burschen, bat er entschlossen um G e s u n d h e i t und Verschonung von allen Gebrechen des Leibes.

Blieb noch der Vierte, ein kleiner, spaßiger Kerl, der voller Schnurren steckte und ständig auf der Wanderschaft die Maultrommel spielte. „Also, wenn's recht ist", meinte er mit einer kleinen, komischen Verbeugung zu der lichten Gestalt, „so will ich halt immer l u s t i g sein können!"

„Wie ihr's entschieden, so sei es", sagte die Fee und verschwand im Wesenlosen. Die vier Wandergesellen aber trennten sich in der Frühe des nächsten Tages und machten mit Handschlag ab, nach zehn vollen Jahren am selben Ort zusammenzutreffen, um ihre Erfahrungen über das Leben auszutauschen. –

Die Zeit verrann, gute und böse Jahre kamen und gingen, und endlich war ein Jahrzehnt um. Der reiche Mann ließ sich von seinem Kutscher vierelang vor die alte Herberge fahren, und kurz nach ihm kam der Gelehrte, würdig und ernst, in einem Mietwagen geschaukelt. Dann hörte man den festen Schritt eines stattlichen Mannes; breitschultrig, kaum wiederzuerkennen, kam der Dritte und teilte Händedrücke aus, die beinahe zu Knochenbrüchen wurden. Zuletzt hörte man den Vierten, der auf seiner Maultrommel einen frischen Marsch spielte, durchs Tor treten. Mit lautem „Grüß Gott!" gab er lachend den alten Kumpanen die Hand. Sie zechten nicht schlecht, denn der Reiche hatte in seiner Kalesche herangefahren, was gut und teuer war; endlich aber gaben sie, wie versprochen, den Bericht ihres Lebens. „Ich kann wohl sagen", hub der Reiche an, „dass mir nichts mangelt und dass ich mit den äußeren Dingen dieser Welt zufrieden sein kann. Aber wenn ihr mich fragt, ob ich glücklich bin, so müsste ich's verneinen! Glück liegt überhaupt nicht im B e s i t z , und was man hat, das schätzt man nicht mehr, wenn man sich jeden Wunsch erfüllen kann. Ehrlich gesagt: Ich bin im Äußerlichen steckengeblieben, und das Herz verdorrt dabei. Viele Menschen drängen sich zu mir, aber keiner ist ein rechter Freund. Meine Frau ist sehr schön, aber verwöhnt und launisch, meine Kinder, durch den Reichtum blasiert und hochnäsig, machen mir wenig Freude. Reich bin ich, aber glücklich … nein, glücklich bin ich nicht!"

„Ich wusste es schon vorher", sagte der gelehrte Mann, „denn ich habe die vertrackte Kunst erlernt, alle Verhältnisse zu durchschauen, den Urgrund alles Seins und Werdens zu erkennen. Ihr ahnt nicht, wie viel Leid Wissen bringt. Wie froh war ich einst, wie unbekümmert, nun bin ich zergrübelt, mich bedrückt das Leid und die Sorge der Völker, denn ich studierte alle ihre Probleme. Jeder Bauernbursche, der naiv sein Leben lebt, ist glücklicher als ich!"

Der Dritte kratzte sich hinter dem Ohr. „Wenn schon Geld und Wissen nicht glücklich machen", sagte er, „wird man das Glück schwer erwischen, wenn es an beidem mangelt. Ich habe, wie ihr wisst, die Fee um Gesundheit gebeten, denn ich war ein wehleidiger Kerl. Gesundheit ist wohl ein echtes Göttergeschenk, und sicher ist ein kranker Mensch nicht glücklich zu preisen. Aber Gesundheit allein macht's denn doch nicht, dazu sind die Anforderungen des Lebens und unsere Wünsche zu vielgestaltig. Ich habe mich wacker geplagt, zehn Jahre lang, indessen, nicht viel ist mir zum Segen ausgeschlagen. Nach wie vor ringe ich um das Nötigste, oft bange ich mit meiner Frau um die Zukunft, und missmutig sehen wir, dass es nicht vorangeht. Gesund sind wir freilich, aber ist das das ganze Lebensglück? Gesund ist schließlich auch der Hund Schnappauf, der nachts unsere Hütte bewacht."

Da stieß der Vierte einen langen Pfiff aus und machte eine lustige Grimasse. „Schau her", sagte er, „am End' bin ich doch nicht der Dümmste gewesen, als ich mir Fröhlichkeit erbat! Ihr habt mich damals als einen echten Narren ausgelacht. Freilich hab ich weder Reichtum noch Wissen, und auch des Leibes Pein plagt mich dann und wann. Ich habe nur eine winzige Hütte und eine einfache Frau, aber zwei lustige Buben springen über die Wiesen. Wir haben nur ein weniges, und oft fehlt's am letzten Heller, aber die Sonne scheint uns wie den Reichsten, und die Blumen blühn, die Vögel singen gradwegs nur für uns. Wir leben halt und freuen uns darüber, und weit und breit nennen mich die Leute den lustigen Fridolin. Nicht immer scheint die Sonne, aber uns langt's zu!"

Die andern lächelten ihn freundlich an. „Er ist der Beneidenswerteste von uns allen", sagte der gelehrte Mann, „und er bestätigt die alte Weisheit: Das Glück liegt nicht in den Dingen, es liegt in den Herzen der Menschen!"

Bruno H. Bürgel

Das bloße Gefühl,
zu leben ...

Begeistere dich für das Leben.
Das bloße Gefühl, zu leben, ist Freude genug.

Emily Dickinson

Was ist das Leben?

Wolken ziehen vorüber, dünne und dicke, und richten drunten in der Farbe des Grases einige Unregelmäßigkeiten an. Die Sonnenuhr verzeichnet auf die ihr eigene geheimnisumwitterte Art die Stunde. Unsere Gedanken beginnen, mit ein paar Fragen zu spielen, eitlen, vergeblichen Fragen: nach dem Leben. „Leben", so singen sie – oder vielmehr: so summen sie wie ein Kessel am Haken über dem Feuer, „Leben, Leben, was bist du? Licht oder Finsternis, die grüne Friesschürze des niederen Dieners da draußen oder der Schatten des Stares da im Gras?"

Auf denn in diesen Sommertagen, wir wollen uns auf die Suche wagen und Pflaumenblüte und Biene befragen, die die Herzen aller erfreun. Und mit Zagen und Stocken fragen wir gar den munteren Star (er ist ein umgänglicherer Vogel als die Lerche), ob er es weiß, da auf dem Rand des Kehrichtkastens; das ausgekämmte Haar der Scheuermägde sieht man ihn picken zwischen den Flicken. „Was ist das: das Leben?", fragen wir, aufs Hofgitter gelehnt. „Das Leben! Leben! Leben!", ruft der gefiederte Gesell, als hört er's schnell und wüsste genau, was wir meinen, wenn wir auf gewohnte Weise plagen und fragen, drinnen und draußen,

spannen und spähen und nach Gänseblümchen sehen, wie es Schriftsteller so machen, wenn sie nicht weiterwissen im Text. „Dann kommen sie zu mir", sagt der Vogel, „und fragen mich, was ‚das Leben' ist. Das Leben! Leben! Leben!" Ja, da wandern wir denn den Heidepfad hinan bis zur Stirnhöhe des weinblauen purpurdunklen Hügels und werfen uns da nieder und träumen und sehen einem Grashüpfer zu, der einen Halm in seine Höhle schleppt. Und er sagt (wenn wir seinem Gesäge einen so geheiligten und zarten Namen geben dürfen): „Leben ist Arbeit!" – wenigstens deuten wir das Geschwirr seiner staubverstopften Kehle so. Und es reden die Ameise und die Biene nach der gleichen Weise…
Nun haben wir also Mensch und Vogel und Insekten befragt (denn die Fische, so sagen uns Leute, die jahrelang in grünen Höhlen gelebt haben, um sie sprechen zu hören, reden nie, niemals, und deshalb wissen sie vielleicht, was das ist: das Leben); haben sie alle gefragt und sind dadurch nicht klüger geworden, sondern nur älter und kälter (denn hatten wir nicht einst um ein Buch gefleht, darin zu lesen steht, was so unumstößlich wär und so selten, um als der Sinn des Lebens zu gelten?); dann heißt's zurück, und also müssen wir dem Leser, der dringlich erfahren möchte, was das Leben nun sei, geradeheraus sagen, – dass wir das, leider, auch nicht wissen.

Virginia Woolf

Das ist das Leben

Das ist das Leben! Was erwartest du mehr?
Was du hast, ist alles! Es gibt nichts mehr!

Das ist das Leben:
all diese kleinen Alltäglichkeiten
von Stund zu Stunde. Dies Aufstehn morgens
und dann den stillen Tag entlang
in stillem Gleichlauf deine Arbeit.
Reste von gestern, Sorgen zu morgen,
zuweilen wohl auch ein froherer Gang,
ein hellerer, ein vollerer Klang,
ein bisschen Scherz, ein bisschen Ärger,
ein bisschen Glück, ein bisschen Tück,
hochwichtig alles für den Augenblick,
im nächsten aber schon vergessen
und schließlich auch ganz einerlei:
Ob morgen wohl schön's Wetter sei?
Und wenn, wohin man abends gehe?
Und wie es da- und damit stehe?
Und dies und das und das und dies,
hundert kleine Was und Wie's,
hundert kleine Wohl und Wehe!

Das ist das Leben! Erwarte nichts mehr!
Was du hast, ist alles! Niemand hat mehr!

Es fragt sich nur, wie's jeder fasst
und schiebt und siebt ...
und wie du's in die Zügel straffst
und wie du's auseinanderspielst
und wieder dann zusammenzielst,
damit sich doch zuletzt ein Ganzes,
großlinig Eigenes draus ergibt!

Cäsar Flaischlen

Ein Tag versinkt, ein Tag steigt auf,
der Frühling muss verfließen,
und jede Blüte, die verwelkt,
ermahnt uns, zu genießen.
Alphonse de Lamartine

Der Schmetterling

Der Schmetterling wollte eine Braut haben und sich unter den Blumen eine recht niedliche aussuchen. Dazu warf er einen musternden Blick über den ganzen Blumenflor und fand, dass jede Blume recht still und eher ehrsam auf ihrem Stängel saß, gerade wie es einer Jungfrau geziemt, wenn sie nicht verlobt ist; allein es waren gar viele da, und die Wahl drohte mühsam zu werden. Diese Mühe gefiel dem Schmetterling nicht, deshalb flog er auf Besuch zu dem Gänseblümchen.

Dieses Blümlein nennen die Franzosen „Margarete"; sie wissen auch, dass Margarete wahrsagen kann, und das tut sie, wenn die Liebesleute, wie es oft geschieht, ein Blättchen nach dem andern von ihr abpflücken, während sie an jedes eine Frage über den Geliebten stellen: „Von Herzen? – Mit Schmerzen? – Liebt mich sehr? – Ein klein wenig? – Ganz und gar nicht?" und dergleichen mehr. Jeder fragt in seiner Sprache. Der Schmetterling kam auch zu Margarete, um zu fragen; er zupfte ihr aber nicht die Blätter aus, sondern er drückte jedem Blatt einen Kuss auf, denn er meinte, man käme mit Güte besser fort.

„Beste Margarete Gänseblümlein!", sprach er zu ihr. „Sie sind die klügste Frau unter den Blumen, Sie können wahrsagen – bitte, bitte, mir zu sagen, bekomme ich die oder die? Welche wird meine Braut sein? – Wenn ich das weiß, werde ich geradeswegs zu ihr hinfliegen und um sie anhalten." Allein Margarete antwortete ihm nicht, sie ärgerte sich, dass er sie „Frau" genannt hatte, da sie doch noch eine Jungfrau war – das ist ein Unterschied! Er fragte zum zweiten und zum dritten Mal; als sie aber stumm blieb und ihm kein einziges Wort entgegnete, so mochte er zuletzt auch nicht länger fragen, sondern flog davon, und zwar unmittelbar auf die Brautwerbung.

Es war in den ersten Tagen des Frühlings, ringsum blühten Schneeglöckchen und Krokus. „Die sind sehr niedlich", dachte der Schmetterling, „allerliebst, aber ein wenig zu sehr Backfisch!" – Er, wie alle jungen Burschen, spähte nach älteren Mädchen aus. Darauf flog er auf die Anemonen zu; die waren ihm ein wenig zu bitter, die Veilchen ein wenig zu schwärmerisch, die Lindenblüten zu klein und hatten eine zu große Verwandtschaft; die Apfelblüten – ja, die sahen zwar aus wie Rosen, aber sie blühten heute, um morgen schon abzufallen, meinte er.

Die Erbsenblüte gefiel ihm am besten, rot und weiß war sie, auch zart und fein, und gehörte zu den häuslichen Mädchen, die gut aussehen und doch für die Küche taugen; er stand eben im Begriff, seinen Liebesantrag zu stellen – da erblickte er dicht neben ihr eine Schote, an deren Spitze eine welke Blüte hing. „Wer ist die da?", fragte er. „Es ist meine Schwester", antwortete die Erbsenblüte. „Ah, so! Sie werden später auch so aussehen?", fragte er und flog davon, denn das hatte ihn doch erschreckt. Das Geißblatt hing blühend über den Zaun hinaus, da war die Hülle und Fülle derartiger Fräulein, lange Gesichter, gelber Teint, nein, die Art gefiel ihm nicht. Aber welche liebte er denn? Der Frühling verstrich, der Sommer ging zu Ende; es wurde Herbst; er aber war noch immer unschlüssig.

Die Blumen erschienen nun in den prachtvollsten Gewändern – doch vergeblich. Es fehlte ihnen der frische, duftende Jugendsinn. Duft begehrt das Herz, wenn es selbst nicht mehr jung ist, und gerade hiervon ist bitter wenig bei den Georginen und Klatschrosen zu finden. So wandte sich denn der Schmetterling der Krauseminze zu ebener Erde zu. Die ist ganz und gar Blüte, duftet von unten bis oben, hat Blumenduft in jedem Blatt. „Die werde ich nehmen!", sagte der Schmetterling. Und nun hielt er um sie an. Aber die Krauseminze stand steif und still da und endlich sagte sie: „Freundschaft, ja! Aber weiter nichts! Ich bin alt, und Sie sind alt; wir können zwar sehr wohl füreinander leben, aber uns heiraten – nein! Machen wir uns nicht zum Narren in unserem Alter!" So kam es denn, dass der Schmetterling keine Frau bekam. Er hatte zu lange gewählt, und das soll man nicht! Der Schmetterling blieb ein Hagestolz, wie man es nennt.

Es war im Spätherbst, Regen und trübes Wetter. Der Wind blies kalt über den Rücken der alten Weidenbäume dahin, sodass es in ihnen knackte. Es war kein Wetter, um im

Sommeranzug herumzufliegen; aber der Schmetterling flog auch nicht draußen umher; er war zufälligerweise unter Dach und Fach geraten, wo Feuer im Ofen und es so recht sommerwarm war; er konnte schon leben; doch „Leben allein ist nicht genug!", sprach er. „Sonnenschein, Freiheit und eine kleine Blume braucht man!"
Und er flog gegen die Fensterscheibe, wurde gesehen, bewundert, auf eine Nadel gesteckt und in dem Raritätenkasten ausgestellt; mehr konnte man nicht für ihn tun.
„Jetzt setze ich mich selbst auf einen Stängel wie die Blumen", sagte der Schmetterling. „So recht angenehm ist das freilich nicht! So ungefähr wird es wohl sein, wenn man verheiratet ist, man sitzt fest!" – Damit tröstete er sich dann einigermaßen.
„Das ist ein schlechter Trost!", sagten die Topfgewächse im Zimmer. „Aber", meinte der Schmetterling, „diesen Topfgewächsen ist nicht recht zu trauen, sie gehen zu viel mit Menschen um!"

Nach Hans Christian Andersen

Den vollen, wahren Lebensgenuss findet nur,
wer sich die Freude am Kleinen bewahrt,
ja die Geduld am Unvollkommenen behauptet.

Theodor Toeche-Mittler

Ich bin verliebt in die Welt

Ich hörte die Bäume mit Orchesterbegleitung des Meeres rauschen; September war es, und der Tag legte sich mit mir zeitiger nieder, schwärmerisch zum Konzert. Ein neues Herbstlied blies der Herbststurm in die laubigen Dudelsäcke der Kastanien, und noch in der Frühe tanzten die kindlichen Wolkengebilde über den Rücken der Welt. Dann kam die kleine Sonne im goldpunktierten Spielkleidchen. Auf die Erde zu scheinen, bedeutet jedesmal für sie: mit dem großen Erdball spielen!! Ach, es war ja so viel trübe gewesen im Sommer, aber nun hielt sie endlich wieder die liebesbedürftige Erde in ihren spiellustigen Strahlenhänden. Wir, die wir beisammensaßen, jahresmüde, froren auf einmal nicht mehr und dachten: Was das Goldkind doch vermag! Oft habe ich es brennend schreien hören nach seiner dunklen Erdfreundin hinter der Pforte seines himmlischen Spielzimmers. Das glaubt mir kein Mensch. Aber alle Wetterberichte scheitern am Fels der Offenbarung. Nur der Frosch hat das Talent mit auf die Welt gebracht. Seine Prognose, was Wetter anbetrifft, stimmt auf ein Froschschenkel! Und man sollte sich des grünen Professors Prophezeiungen ernster zu Gemüte ziehen.

Ich bin verliebt in die Welt! Das gehört dazu, ihre Sprache zu verstehen, ihre Taten zu erkennen. Das Geheimnisvolle, die Mystik, wie der Mensch das Gewebe nennt, das er selbst, fremd der Dinge, über die Schöpfung webt und ihre Pore verstopft, entstand aus der Trägheit seines Denkens und Empfindens. Das kleinste Tier schüttelt darüber den Kopf. Die Welt – hört! – steht von Anbeginn für die Geschöpfe, für jedes Blatt, jeden Kiesel, jeden Tropfen der Gewässer, und für das winzigste Sandkorn des Strandes weit geöffnet zum Hineingucken – ins glitzernde Riesenei …

Ich träume – Wellen dringen durch die Wände meines Zimmers, durch den Spalt der Tür. Ich eile an das Gewässer. Ein Seevogelpaar nimmt mich in seine Mitte … Wir schweben über den brausenden Champagner in die weite, weite Welt. März ist es geworden. Der große Schneemann steht schwer beleidigt vor der Frühlingstür. Manchmal schneit er, noch mit Krokodilstränenreif vermischt, die Welt zu ärgern, doch der Lenz lässt sich nicht von ihm einschüchtern. Auf dem Beerenbaum vor meinem Fenster sind die Korallen eingeschrumpft. Nur eine wartet noch auf eine weiße Dohle zur Hochzeitsgabe. Die Korallen der Bäume, die Nadeln der Fichte und die wenigen noch silberbraunen Blätter der Pappel waren im Winter meiner Augen Spielfreude. Die Spatzen weckten mich in aller Frühe, kamen nur deswegen vom Himmel herab. Ich bin verliebt in die Welt. Auch in ihre Illusion, die hat ihre Berechtigung …

Else Lasker-Schüler

Glück entsteht oft durch Aufmerksamkeit in kleinen Dingen,
Unglück oft durch Vernachlässigung kleiner Dinge.

Wilhelm Busch

Ein Herz zum Freuen

Siehst Du, ich habe gerade aus der Geschichte der letzten Jahre und von da rückschauend aus der ganzen Geschichte gelernt, dass man das Wirken des Einzelnen nicht überschätzen soll. Im Grunde genommen wirken und entscheiden die großen, unsichtbaren, plutonischen Kräfte der Tiefe, und alles rückt sich schließlich zurecht, sozusagen „von selbst". Missverstehe mich nicht: Ich rede da nicht etwa einem bequemen fatalistischen Optimismus das Wort, der die eigene Impotenz verschleiern soll, wie er mir gerade bei Deinem verehrten Gatten verhasst ist. Nein, nein, ich bin allzeit auf dem Posten und werde bei der nächsten Möglichkeit wieder dem Weltklavier mit allen zehn Fingern in die Tasten fallen, dass es dröhnt. Weil ich aber nicht durch meine Schuld, sondern durch äußeren Zwang „auf Urlaub" bei der Weltgeschichte bin, so lache ich mir einen Ast, freue mich, wenn's auch ohne mich geht, und glaube felsenfest, dass es gut gehen wird. Die Geschichte weiß stets am besten Rat, wo sie sich am hoffnungslosesten in die Sackgasse verlaufen zu haben scheint.

Liebste, wenn man die üble Gewohnheit hat, in jeder Blüte nach einem Tröpflein Gift zu suchen, so findet man, solange man lebt, eine Ursache zum Stöhnen. Nimm aber die Dinge umgekehrt und suche nach Honig in jeder Blüte, so findest Du stets Ursache, um heiter zu sein. Außerdem glaube mir, die Zeit, die ich – wie auch andere – jetzt hinter Schloss und Riegel verbringe, ist auch nicht verloren. Sie kommt irgendwie in der großen allgemeinen Rechnung zur Geltung. Ich bin der Meinung, dass man einfach, ohne zu viel Schlauheit und Kopfzerbrechen, so leben soll, wie man es für recht hält, ohne für alles gleich in bar auf die Hand ausgezahlt kriegen zu wollen. Es wird sich schon alles zum Schluss finden. Und wenn nicht – ist mir „ooch schnuppe"; ich freue mich ja auch schon so des Lebens, inspiziere jeden Morgen gründlich den Knospenstand auf allen meinen Sträuchern, besuche jeden Tag ein rotes Marienkäferlein mit zwei schwarzen Pünktchen auf dem Rücken, das ich seit einer Woche auf einem Ast in einem warmen Verband aus Watte trotz Wind und Kälte am Leben erhalte, beobachte die Wolken, wie sie stets neu und immer schöner sind, und fühle mich im ganzen nicht wichtiger als dieses Marienkäferlein und in diesem Gefühl meiner Winzigkeit unaussprechlich glücklich.

Vor allem: die Wolken! Welcher unerschöpfliche Grund des Entzückens für ein Paar Menschenaugen! Gestern, Sonnabend, stand ich nachmittags gegen fünf Uhr gelehnt an meinen Drahtzaun, der das Gärtlein von dem übrigen Hof trennt, ließ mir die Sonne auf den Buckel scheinen und blickte nach Osten. Dort türmte sich auf blassblauem Himmelsgrund ein großes Wolkengebilde von zartestem Grau, über das ein leichter Rosaschimmer wie hingehaucht war; das zauberte eine ganze ferne Welt vor, in der unendliche Ruhe, Milde und Feinheit herrschten. Alles sah wie ein schwaches Lächeln aus, wie eine unbestimmt schöne Erinnerung aus früher Jugend oder wie wenn man manchmal am Morgen erwacht mit dem wohligen Gefühl, etwas sehr Schönes geträumt zu haben, ohne sich mehr erinnern zu können, was es eigentlich war. Der Hof war leer und ich, wie immer, allein und allen fremd. Aus den offenen Fenstern des Gefängnisses drangen einige polternde Laute des sonnabendlichen Scheuerns und Putzens, eine zurechtweisende Stimme wurde hie und da laut; dazwischen schlug immer wieder der Buchfink ganz hoch auf der Pappel, deren Stamm, noch ganz kahl, im schrägen Licht der scheidenden Sonne silbern glänzte. Alles atmete solchen Frieden, und meine Blicke hingen an dem mattlächelnden Wolkengebilde dort fern am Himmel – ich stand wie gebannt im Zauber und dachte an Dich, an Euch alle: Seht Ihr denn nicht, wie schön die Welt ist? Habt Ihr denn nicht Augen wie ich und ein Herz wie ich, um Euch zu freuen?

Rosa Luxemburg an Luise Kautsky

aus dem Gefängnis Wronke nahe Posen, 15. April 1917

Der Friede,
die freie Entfaltung,
Himmel und Erde vereinen sich
und stimmen miteinander überein.
Der Mensch nimmt
je nach seiner Begabung
die Stellung ein, die ihm entspricht,
und das Glück der Freiheit
erfüllt alle Wesen.

I Ging

Robinson Crusoe

Ich fasste nun meine Lage ernsthaft ins Auge und setzte das Ergebnis schriftlich auf, weniger um denen einen Bericht zu hinterlassen, die etwa nach mir auf die Insel kommen würden (denn ich hatte wenig Aussicht auf Nachfolger), vielmehr um mich dadurch von den Gedanken zu befreien, die täglich auf mich einstürmten und mir die Seele verdüsterten. Meine Vernunft begann allmählich Herr zu werden über meine verzweifelte Stimmung; ich tröstete mich dadurch, dass ich das Gute meiner Lage dem Schlimmen gegenüberstellte und unparteiisch, so wie der Kaufmann sein Soll und Haben, die Freuden gegenüber den erfahrenen Leiden folgendermaßen verzeichnete:

Das Schlechte:

Ich wurde auf eine unbewohnte, trostlose Insel ohne jede Hoffnung auf Befreiung verschlagen.

Ich bin vereinsamt und von aller Welt geschieden, dazu verurteilt, ein elendes Dasein zu fristen.

Das Gute:

Aber ich lebe und bin, anders als alle meine Gefährten, nicht ertrunken.

Jedoch bin ich auch auserwählt aus der ganzen Schiffsmannschaft, vom Tod verschont zu bleiben.

Ich bin ein Einsiedler, verbannt vom Menschengeschlecht.

Trotzdem bin ich an diesem öden Ort nicht Hungers gestorben.

Ich habe keine Kleider, um meine Blöße zu bedecken.

Aber ich befinde mich in einem heißen Klima, wo ich Kleider kaum tragen könnte.

Ich bin ohne Verteidigungsmittel gegen irgendeinen gewaltsamen Angriff von Menschen oder Tieren.

Jedoch bin ich auf eine Insel geraten, wo es keine wilden Tiere zu geben scheint.

Ich habe keine Seele, um mit ihr zu reden oder mich von ihr trösten zu lassen.

Aber durch wunderbare Fügung trieb das Schiff so nahe an Land, dass ich viele Dinge herausholen konnte, die ausreichen werden, solange ich lebe.

Alles in allem ergab die Übersicht, dass es zwar kaum eine unglücklichere Lage als die meine in der Welt geben konnte, dass aber doch auch Umstände vorhanden waren, für die ich dankbar sein musste. Daraus mag man lernen, dass kein Zustand existiert, der nicht etwas Tröstliches aufweist und bei dem wir nicht bei der Verzeichnung des Guten und Schlechten dem Soll gegenüber auch etwas auf die Seite des Habens setzen können.

Daniel Defoe

Anbeginn

Mein Leben setzt sich zusammen:
Ein Tag wie dieser. Ein anderer Tag.
Glut und Asche und Flammen.
Nichts gibt es, was ich beklag.

Früher habe ich so gefühlt:
Irgendwas Großes wird sein.
Inzwischen bin ich abgekühlt:
Es geht auch klein bei klein.

Was soll schon Großes kommen?
Man steht auf, man legt sich hin.
Auseinandergenommen,
Verlieren die Dinge den Sinn.

Doch manchmal sind solche Stunden
Von Freiheit vermischt mit Wind.
Da bin ich ungebunden
Und möglich wie als Kind.

Und alles ist noch innen
In mir und unverletzt.
Und ich fühle: gleich wird es beginnen.
Das *Wunder* kommt hier und jetzt.

Was es sein soll? Ich kann es nicht sagen.
Und ich weiß auch: *das* gibt es gar nicht.
Aber plötzlich ist hinter den Tagen
Noch Zukunft ohne Pflicht.

Und frei von Furcht und Hoffen
Und also frei von Zeit.
Und alle Wege sind offen.
Und alle Wege gehn weit.

Und alles kann ich noch werden,
Was ich nicht geworden bin.
Und zwischen Himmeln und Erden
Ist wieder *Anbeginn*.

Eva Strittmatter

Genieße den
Augenblick

Des Alltags bunt getupftes Grau

Das Leben wartet nicht. Es geht vorbei.
Vergiss das nicht im Aller-Einerlei.
Genieß des Alltags bunt getupftes Grau!
Küss deinen Mann! Umarme deine Frau!

Wann, wenn nicht jetzt? Es gibt da den Moment,
in dem dein Kind dir in die Arme rennt,
in dem es, fast schon Mann, vor deiner Haustür steht,
der Mantel modisch-klein, das Haar verweht …

Im Meer des Alltags 1000 Inseln Glück.
Und manchmal reisen wir dorthin zurück
und trinken wieder aus dem Glückspokal
und lächeln Krähenfüße. Doch das ist egal.

Andrea Schomburg

Ich denke, das heißt leben, wenn man zu jeder Zeit dem Augenblick zurufen möchte: „Verweile doch, du bist so schön!" Diese Befriedigung im Glück, diese Flitterwochenschaft kann uns nicht durch ein ganzes Leben begleiten, aber man muss sich sicherlich davor hüten, nie eine Gegenwart zu haben, weil man immer auf eine Zukunft hofft. Im Allgemeinen versteh ich es, zum Bewusstsein eines gegenwärtigen Glücks zu gelangen, und ich freue mich dessen.

Theodor Fontane

Das Leben

Es lebte ein Mann, der war ein sehr tätiger Mann und konnte es nicht übers Herz bringen, eine Minute seines wichtigen Lebens ungenützt vorübergehen zu lassen.

Wenn er in der Stadt war, so plante er, in welchen Badeort er reisen werde. War er im Badeort, so beschloss er einen Ausflug nach Marienruh, wo man die berühmte Aussicht hat. Saß er dann auf Marienruh, so nahm er den Fahrplan her, um nachzusehen, wie man am schnellsten wieder zurückfahren könne. Wenn er im Gasthof einen Hammelbraten verzehrte, studierte er während des Essens die Karte, was man nachher nehmen könne. Und während er den langsamen Wein des Gottes Dionysos hastig hinuntergoss, dachte er, dass bei dieser Hitze ein Glas Bier wohl besser gewesen wäre.

So hat er niemals etwas getan, sondern immer nur ein Nächstes vorbereitet. Er war nie einer ganzen und gesunden Minute Herr. Und als er auf dem Sterbebett lag, wunderte er sich sehr, wie leer und zwecklos doch eigentlich dieses Leben gewesen sei.

Victor Auburtin

Schmetterlingslied

Es blühen die Blumen in buntem Schein;
sie laden zum Flattern und Kosen uns ein!
So lieblich ihr Duft!
So linde die Luft!
Vergessen ist gestern,
und morgen ist weit!
Lasst heut uns genießen
die goldene Zeit!

Es duften die Blumen und blühen so bunt,
und jede Blüt' ist ein rosiger Mund!
Wir flattern im Wind
und küssen geschwind!
Vergessen ist gestern,
und morgen ist weit!
Lasst heut uns genießen
die goldene Zeit!

Heinrich Seidel

Vom Stundenzeiger des Lebens

Das Leben besteht aus seltenen einzelnen Momenten von höchster Bedeutsamkeit und unzählig vielen Intervallen, in denen uns bestenfalls die Schattenbilder jener Momente umschweben. Die Liebe, der Frühling, jede schöne Melodie, das Gebirge, der Mond, das Meer – alles redet nur einmal ganz zum Herzen: Wenn es überhaupt je zu Worte kommt. Denn viele Menschen haben jene Momente gar nicht und sind selber Intervalle und Pausen in der Sinfonie des wirklichen Lebens.

Friedrich Nietzsche

Die Zeit

Die Zeit, mein Kind,
kann man nicht zurückdrehen.
Nichts ist länger als die Zeit,
denn sie ist das Maß der Ewigkeit.
Nichts ist kürzer, denn sie fehlt uns
bei all unseren Unternehmungen.
Nichts vergeht langsamer für den, der wartet,
und nichts schneller für den, der genießt.
Sie kann sich bis ins unendlich Große ausdehnen
und lässt sich bis ins unendlich Kleine teilen.
Alle Menschen halten sie für unbedeutend,
doch bedauern alle ihren Verlust.
Nichts kann ohne sie geschehen.
Sie lässt alles in Vergessenheit versinken,
was der Nachwelt nicht würdig ist,
aber allem Großen verleiht sie Unendlichkeit.

Voltaire (an seine Nichte)

Kalenderzeit

Das dickleibige Päckchen von Tagen – dreihundert schwarze und über ein halbes Hundert rote –, der Abreißkalender, ist zusammengeschrumpft bis auf ein letztes Blättchen vor dem leeren Fleck. Die Hand der ordentlichen Hausfrau, seltener die des Hausherrn, hat jeden Morgen einen Tag ausgemerzt, in den Papierkorb versenkt samt den auferbaulichen Ratschlägen für Leib, Seele und Geist: Mittagessen – Nudelsuppe, Rindfleisch mit Petersilienkartoffeln, – „Das Leben ist der Güter höchstes nicht" (F. v. Schiller). – Turnvater Jahn geboren. – Jetzt stehen die eingepressten Hasen und Rehe auf dem Karton wie verloren vor dem sozusagen abgegrasten Zeitfleckchen. Sie haben nur mehr einen einzigen, letzten Tag zu fressen.

Abreißkalender werden unterschiedlich behandelt. Sie sind ein kleiner Spiegel ihrer Besitzer. Die Sorgfältigen, Zuverlässigen entfernen jeden Tag zur selben Minute, kurz nach dem Aufstehen (oder Betreten des Büros) das abgelaufene Datum. Die Leichtsinnigen, die Bummler lassen einmal drei, vier, ja acht Tage zusammenkommen und zupfen dann in einem Hui die Zeit aus Vater Chronos' Bart. Die ganz Wurstigen aber haben an Silvester noch den größten Teil der Blättchen, wenn nicht gar den ganzen Block hängen.

Sie lassen sich von der Zeit nichts vorschreiben. Zwei Gründe kann es für diese Kalenderignoranten geben: Entweder sie sind so ungeheuer beschäftigt, dass nicht einmal der Augenblick für das Kalenderblättchen bleibt. Oder sie haben so wenig zu tun, dass ihnen auch das Abreißen des Datums zu viel ist. Der letztere Fall kommt häufiger vor, denn bekanntlich hat der Unbeschäftigte am wenigsten Zeit übrig. Indes, zur Ehre der Zeitgenossen sei's gesagt: Die meisten Abreißkalender werden doch ihrer Bestimmung zugeführt. Ritsch-ratsch, das letzte Blatt, Silvester, schwebt erdenwärts. Mit dem leeren Pappendeckel spielen die Kinder noch ein Weilchen. Dann gehen Hasen und Rehe darauf durchs Herdfeuer ein ins Nirwana, allwo es keine Zeit mehr gibt.

Julius Kreis

61

Trost

Du kannst keine Sekundenuhr lange aushalten und klagst:
Die Zeit ist ein stetes Vorübertropfen von Augenblicken,
die hintereinander fallen und verändern; oben hängt unver-
ändert die Zukunft und unten wächst ewig die Vergangen-
heit und wird immer größer, je weiter sie rückwärts flieht.
Was bleibt mir? – Die Gegenwart, antworte ich.
Wie auch die Zeit an dir vorüberfliegt: Die Gegenwart ist
deine Ewigkeit und verlässt dich nie.

Jean Paul

Siehe eine Sanduhr: Da lässt sich nichts durch
Rütteln und Schütteln erreichen,
du musst geduldig warten,
bis der Sand,
Körnlein um Körnlein,
aus dem einen Trichter in den andern gelaufen ist.

Christian Morgenstern

Der Tag liegt jeden Morgen
wie ein frisches Hemd auf unserem Bett;
dies unvergleichlich feine, unvergleichlich dichte Gewebe
reinlicher Weissagung sitzt uns wie angegossen.
Das Glück der nächsten vierundzwanzig Stunden hängt daran,
dass wir es im Erwachen aufzugreifen wissen.

Walter Benjamin

Das Motorrad

Ein Herr in meinem Haus hat sich ein Motorrad gekauft, mit dem er täglich ins Büro fährt. Seitdem der Herr dieses Motorrad gekauft hat, spielt sich sein häusliches Leben in breitester Öffentlichkeit ab.

Morgens, wenn der Herr aufbricht, stehen wir Nachbarn an den Fenstern und auf den Balkonen und sehen dem Manöver zu. Der Herr kommt in einem ledernen Taucheranzug, setzt sich auf das Motorrad und dreht eine Schraube. Dann brüllt das Motorrad einmal kurz auf, rührt sich aber nicht. Der Herr dreht noch einmal, das Motorrad brüllt wieder, und das wiederholt sich sieben- bis achtmal.

Endlich setzt sich das Motorrad doch in Gang, wir alle brechen in jubelnde Zurufe aus und der Herr verschwindet pfeilschnell, indem er sich, wie die homerischen Götter, in eine bläuliche Wolke hüllt.

Nur dass bei den homerischen Göttern die bläuliche Wolke natürlich nicht so gerochen hat.

Mittags kommt der Herr zurück, stellt das Rad auf den Hof und stürzt in seine Wohnung, um zu essen. Damit kann er sich aber nicht lange aufhalten, denn schon nach wenigen Minuten erscheint er wieder auf dem Hof, angetan mit einem Arbeitsanzug. Er hockt sich hin und fängt nun an, das Rad zu säubern, was vier oder fünf Stunden dauert. Manchmal ist er des Abends noch nicht fertig damit und muss eine Laterne anstecken.

„Was ist denn der Nutzen eines solchen Motorrads?", fragte ich ihn gestern von meinem Fenster aus.

„Zeitgewinn", antwortete er, „mit der Straßenbahn brauche ich dreiviertel Stunden bis ins Büro, mit dem Motorrad zehn Minuten."

„Ja, aber", rief ich höhnisch herunter, „dafür müssen Sie den ganzen Nachmittag das Rad säubern; wo bleibt denn da der Zeitgewinn?"

Er stand auf und wischte sich die Stirn ab. „Erstens", sagte er, „macht es mir Spaß, das Rad zu säubern. Zweitens: Was soll ich denn sonst mit dem ganzen Nachmittag anfangen?"

Ich schloss das Fenster und zog mich tief beschämt zurück.

Victor Auburtin

Jeden Augenblick des Lebens, er falle
aus welcher Hand des Schicksals er wolle uns zu,
den günstigen so wie den ungünstigen
zum bestmöglichen zu machen,
darin besteht die Kunst des Lebens und das
eigentliche Vorrecht eines vernünftigen Wesens.

Georg Christoph Lichtenberg

Mondnacht

Sich beherrschen zu können ist für jeden Genuss sehr wichtig ... Ich will mich ganz ruhig verhalten; diese dunkle und unklare Gemütsstimmung hat auch ihren starken Zauber. Ich liebte von jeher, während einer Mondnacht auf einem oder dem andern unserer wunderbaren Seen in einem Boot zu liegen. Ich raffe die Segel, ziehe die Ruder ein, lege mich in ganzer Länge ins Boot und betrachte den Himmel über mir. Wenn die Wellen das Boot an ihrer Brust wiegen, wenn die Wolken vor dem Nachtwind hintreiben, sodass der Mond für Augenblicke kommt und geht, so gibt mir diese Unruhe Ruhe. Die Wellen schläfern mich ein, ihre Musik ist ein einförmiges Wiegenlied; das eilende Ziehen der Wolken, das Fliehen von Licht und Schatten berauscht mich, und ich träume im Wachen. So liege ich auch jetzt da mit gerafften Segeln, die Ruder eingezogen, und ich lasse mich von Sehnen und ungeduldigem Erwarten hin- und hertreiben. Sehnsucht und Erwartung werden stiller und stiller, seliger und seliger, sie liebkosen mich wie ein Kind. Aber die Hoffnung wölbt ihren Himmel über mir, ein Bild, ihr Bild, schwebt unbestimmt wie der Mond an mir vorüber, bald mich mit seinem Licht blendend, bald mich beschattend, welch ein Genuss, sich so auf dem zitternden Wasser zu wiegen, – welch ein Genuss, bewegt zu werden!

Søren Kierkegaard

Schöpfe Kraft
aus der Natur

Ich möchte einmal ein Buch schreiben,
ein kleines, frohes Buch ...

das ich aber nur denen geben möchte, die es
lieb haben würden und die mit ihm froh sein könnten ...
Ein kleines, kleines Buch, in dem nur stünde:
wie schön der Sonnenschein über dem Garten
draußen am See, mit den blühenden Rosen ...
und wie schön das Lied der Vögel in den schattigen
Baumwipfeln und wie schön der blaue Himmel
über dem allem und seine weißen Wolken ...
Denn ich bin ja selber nur ein Stückchen
Garten, Wald und See ...
über dem die Sonne flimmert,
über dem die Vögel singen,
über dem die Wolken ziehn ...

Cäsar Flaischlen

Im Wundereinklang ist das Leben
der Menschenbrust mit der Natur.

Karl Theodor Körner

Leben in der Natur

Lasst uns danach streben, bisweilen einen Tag unsres Lebens mit derselben Besonnenheit zu verbringen wie die Natur, und nicht durch jede Nussschale oder durch einen Mückenflügel, der auf unserm Weg liegt, aus dem Geleise gebracht zu werden. Wir wollen früh aufstehen und fasten, oder frühstücken ruhig und ohne Störung. Besucher mögen kommen, Besucher mögen gehen, die Glocken mögen läuten und die Kinder schreien – wir wollen gern auf solche Weise den Tag verleben ...

Die Zeit ist nur ein Strom, in dem ich fische. Ich trinke aus ihm, doch während ich trinke, sehe ich den sandigen Grund und entdecke, wie flach der Strom ist. Seine schwachen Wellen fließen dahin, doch die Ewigkeit bleibt. Ich will einen tiefen Trunk tun. Ich will im Himmel fischen, dort liegen Sterne als Kiesel am Grund ...

Ich liebe es, meinem Leben einen weiten Spielraum zu geben. Bisweilen saß ich an einem Sommertag, nachdem ich mein gewohntes Bad genommen hatte, vor meiner Tür im Sonnenschein von Sonnenaufgang bis zur Mittagstunde, traumverloren zwischen Fichten, Walnuss- und Sumachbäumen in ungestörter Einsamkeit und Stille, während die

Vögel ringsum sangen oder geräuschlos durch das Haus flatterten. Und erst wenn sich die Sonne in dem westlichen Fenster meines Hauses spiegelte oder wenn das Rollen eines Reisewagens von der fernen Landstraße zu mir drang, erinnerte ich mich daran, wie schnell die Stunden verflogen …

Meistens dachte ich gar nicht daran, dass Stunde auf Stunde verrann. Der Tag brach an, als ob er mein Werk beleuchten wolle. Es war Morgen und – siehe da! – nun ist es Abend und nichts von Bedeutung wurde getan. Statt wie die Vögel zu singen, war ich innerlich heiter über mein dauerndes Glück. Wie der zwitschernde Spatz, der auf dem Walnussbaum vor meinem Haus sitzt, so habe auch ich mein Lachen, mein Trillerlied, das vielleicht aus meinem Nest zu ihm hinüberschallt. Meine Tage waren keine Wochentage, waren nicht nach irgendeiner heidnischen Gottheit benannt, sie waren nicht in Stunden zerhackt, noch durch das Ticken einer Uhr zerfetzt …

Das ist ein herrlicher Abend! Der ganze Körper ist nur ein Sinn und saugt Entzücken mit jeder Pore ein. Ich wandle mit seltsamer Freiheit in der Natur umher; ich bin ein Teil von ihr. Wenn ich am steinigen Teichufer in Hemdärmeln entlanggehe, obwohl es bewölkt und windig ist, und nichts, was meine Aufmerksamkeit besonders erregt, bemerke, dann fühle ich mich ungewöhnlich stark allen Elementen verwandt. Die Ochsenfrösche trompeten, um die Nacht anzukünden, und der Sang des Tagschläfers wird vom Wellengekräusel über das Wasser getragen. Es besteht ein solcher Einklang zwischen mir und jedem zitternden Erlen- oder Pappelblatt, dass ich kaum zu atmen vermag. Und doch ist mein tiefer Friede, wie der des Sees, nur gekräuselt, nicht gestört. Diese kleinen Wellen, die der Abendwind erweckt, sind so weit vom Sturm entfernt wie die glatte, spiegelnde Oberfläche des Wassers. Jetzt ist es dunkel geworden, doch noch weht rauschend der Wind durch den Wald, noch plätschern die Wellen und ein Geschöpf singt das andere zur Ruh …

Was ist das für eine Arznei, die uns glücklich, heiter und gesund erhält? Nicht die deines oder meines Urgroßvaters, sondern die unserer Urgroßmutter Natur. Ihr Universalheilmittel, durch das sie sich selbst jung erhielt, durch dessen Kraft sie manchen Hundertjährigen überlebte, um aus seiner zerfallenden Hülle neue Kraft zu sammeln, entströmt Feldern und Wäldern …

Wenn Tag und Nacht so auf uns wirken, dass wir sie mit Freuden begrüßen, wenn das Leben duftet wie Blumen oder balsamische Kräuter, wenn es dynamischer, sternenreicher, unsterblicher wird – ja dann wollen wir lieber von Erfolgen sprechen. Die ganze Natur beglückwünscht uns, und für einen Augenblick mögen wir uns getrost selig preisen. Die größten Reichtümer und Werte werden am wenigsten geschätzt. Der Glaube an ihre Existenz ist gar leicht erschüttert. Wir vergessen sie schnell. Sie sind die höchste Realität. Vielleicht teilt nie ein Mensch dem anderen die staunenswertesten, realsten Dinge mit. Die wahre Ernte meines täglichen Lebens ist etwas so völlig

Körperloses und Unbeschreibliches wie die Himmelsfarben am Morgen oder Abend. Ein wenig Sternenstaub, ein Stückchen Regenbogen, den ich umklammert hielt – das ist meine Ernte…

Lasst uns den Einklang unseres Lebens mit dem Leben der Natur andächtig bewahren und bewachen. Hitze und Kälte, Tag und Nacht, Sonne, Mond und Sterne, was wären sie uns sonst? Geschah es nicht aus Übereinstimmung mit dem gegenwärtigen Leben der Natur, dass wir gerade zu dieser Zeit geboren wurden und nicht zu einer anderen? Mein Leben gehört der Gegenwart so innerlich an wie das der Weide im Frühling, jetzt erblühen ihre Kätzchen, jetzt blinkt ihre gelbliche Rinde, jetzt steigt ihr Saft, jetzt oder nie müsst ihr Pfeifen schneiden. Lasst den Tag euch Helfer sein, den Tag und die Nacht…

Mein Heim ist das ganze Stück Natur, das mein Herz umschließen kann. Wenn meine warmen Empfindungen nur meinem Haus gehören, so ist nur das mein Heim. Wenn ich aber mit der Natur ihre Gluten und Fröste, ihre Töne und ihr Schweigen in mir fühle, wenn ich die Ruhe und Gelassenheit, die auf den Feldern um mich liegt, teile, dann sind sie mein Haus genau so, als wenn der Kessel summte, die Reiser knisterten und an der Wand die Uhr ticktackte.

Henry David Thoreau

Natur!

Wie sind wir von ihr umgeben und umschlungen – unvermögend, aus ihr herauszutreten, und unvermögend, tiefer in sie hineinzukommen. Ungebeten und ungewarnt nimmt sie uns in den Kreislauf ihres Tanzes auf und treibt sich mit uns fort, bis wir ermüdet sind und ihrem Arm entfallen.
Sie schafft ewig neue Gestalten. Was da ist, war noch nie, was da war, kommt nicht wieder – alles ist neu und doch immer das Alte.
Wir leben mit ihr und sind ihr Fremde. Sie spricht unaufhörlich mit uns und verrät uns ihr Geheimnis nicht. Wir wirken beständig auf sie und haben doch keine Gewalt über sie.

Georg Christoph Tobler

Es gibt so viele Dinge, von denen ein alter Mann einem erzählen müsste, solange man klein ist, denn wenn man erwachsen ist, wäre es selbstverständlich, sie zu kennen. Da sind die Sternenhimmel, und ich weiß nicht, was die Menschen über sie schon erfahren haben, ja, nicht einmal die Anordnung der Sterne kenne ich. Und so ist es mit den Blumen, mit den Tieren, mit den einfachsten Gesetzen, die da und dort wirksam sind und durch die Welt gehen mit ein paar Schritten von Anfang nach Ende. Wie Leben entsteht, wie es wirkt in den geringen Wesen, wie es sich verzweigt und ausbreitet, wie Leben blüht, wie es trägt; alles das zu lernen, verlangt mich. Durch Teilnahme an alledem mich fester an die Wirklichkeit zu binden, die mich so oft verleugnet, – da zu sein, nicht nur dem Gefühle sondern auch dem Wissen nach, immer und immer, das ist es, glaube ich, was ich brauche, um sicherer zu werden und weniger heimatlos.

Rainer Maria Rilke

Immerhin

Mein Herz, sei nicht beklommen,
noch wird die Welt nicht alt.
Der Frühling ist wiederkommen,
frisch grünt der deutsche Wald.
Seit Ururvätertagen
stehen die Eichen am See,
die Nachtigallen schlagen,
zur Tränke kommt das Reh.
Die Sonne geht auf und unter
schon lange vieltausendmal,
noch immer eilen so munter
die Bächlein ins blühende Tal.
Hier lieg ich im weichen Moose
unter dem rauschenden Baum,
die Zeit, die wesenlose,
verschwindet als wie ein Traum.
Von kühlen Schatten umdämmert,
versink ich in selige Ruh;
ein Specht, der lustig hämmert,
nickt mir vertraulich zu.
Mir ist, als ob er riefe:
„Heija, mein guter Gesell,
für ewig aus dunkler Tiefe
sprudelt der Lebensquell."

Wilhelm Busch

Die Sonne ist die Universalarznei
aus der Himmelsapotheke.

August von Kotzebue

Sonne! Sonne!

Die ganze Welt ist trunken von Sonne.

Weit die Hänge hinunter, hinauf und wieder hinunter; in die Länge und Breite und Tiefe. Weit! Weit!

Und oben: mächtig, mächtig der lerchenschmetternde Himmel mit dem großen, gleißenden Sonnenauge.

Sonne! Sonne!

Die Morgenluft wühlt in werdenden und verebbenden und wieder neuen silbrigen Wellen über die weitgedehnten Felder hin. Und jeder Gedanke ertrinkt mir in diesem goldigen, weitleuchtenden Lichtmeer. Aber über die Arme und den Körper rieselt es mir, heiß, belebend wie elektrische Ströme, und meine Brust hebt sich, und freier rühren sich die Füße. Und hinein in den sonnigen, frischen, gesunden Morgen; in die Luft, in die Sonne! Weiter, immer, immer weiter!

Und meine Augen weiten sich, und meine Nüstern dehnen sich und schnaufen die Luft ein, und mir ist, als wollt ich mit jeder Fiber das alles in mich aufnehmen, die ganze lichte, singende, weite, herrliche Welt! Und ich stammle wunderliche, wahnselige Worte vor mich hin, die ich nicht höre. Es ist nur, als flute etwas aus meiner Seele heraus, hinaus wie überströmendes Leben, überwallende Kraft.

Und alles liegt unter mir, weit unten in der Sonne.

Nur hoch, hoch da oben, ewig über mir, das jubelnde, golddurchblitzte Blau; weißleuchtendes Gefieder drin, dort und dort. Und ich möchte aufschreien vor unbändiger Lust und quälender Ungeduld, und ich recke die Arme und verliere mich in Kraft und Leben.

Bis ich taumlig werde von alledem, bis es mir über die Kräfte geht und ich hinsinke in das krause Weggras und mein trunkenes Auge sich sammelt und beruhigt an den stillen, roten, nickenden Wegnelken und dem gelben Steinklee und dem violetten Thymian, den bunten Schmetterlingen und den leise, leise summenden Hummeln. Wie betäubt lieg ich und starre vor mich hin in das kurze Gras und wage nicht, seitwärts zu blicken …

Hier ein Grashalm, scharf an beiden Rändern von unzähligen Kristallen. Vorn an der zierlichen Spitze ein rundes, funkelndes Tautröpfchen. Das Hälmchen schwankt leise in der wehenden Luft hier oben. Und der Tropfen leuchtet. Jetzt orangen, jetzt goldig, jetzt bläulich, grün, violett, silberhell. Halme, dünn, schlank, mit krissligen Dolden.

Wenn ich den Kopf in das kleine, krause Rasengewirr lege und die Augen etwas zusammenkneife, wanken sie wie sturmbewegte, hohe Baumkronen gegen den blauen Himmel hin und her, hin und her. Wie ein Wald von wunderlichen Fabelbäumen.

Und die Hummeln mit dem schwarzsamtenen Leib und der braunsamtenen Verbrämung, eifrig von einem Kelch zum anderen. Und dann in die Luft hinein, in den sonnigen Morgen, hinunter in das Tal, taumelnd im zackigen Flug, in der Luft schwebend wie riesige Ungeheuer.

Und ich atme auf, tief, einmal, wieder und wieder.

Ich stammle vor mir hin, alte, vertraute Laute. Und die fügen sich zu rhythmischem Tonfall, wie die Luft weht und stoßweise mir in die Ohren knattert, gleich flatterndem Seidenband; wie die Grashalme sich biegen und beugen, hin und her, hin und her; wie die Lerchen trillern in bestimmtem Rhythmus, der wiederkehrt und wiederkehrt, leiser, lauter, ferner, näher; wie der unaufhörliche Feldgesang der Insekten; wie die weiten Felder den Hang hinab fluten und fluten; immer, unersättlich in demselben Rhythmus. Und erstaunt lausch ich mir selbst.

Ich glaubte, ich könnte das nicht mehr.

Und wie ich lausche, ist es dieselbe alte, ewige Melodie. Immer dieselbe, unersättlich dieselbe. Fragend, sehnend, wild, beruhigt, angstvoll und glückgesättigt.

Die alte Weise. Das alte Lied.

In Ewigkeit wohl wird es gesungen werden …

Und so lieg ich und liege in der Sonne, im Grün. Über mir die blaue Unendlichkeit und unter und vor mir die weite, grüne, jubelnde Welt.

Johannes Schlaf

Der Weise auf dem Lande

O Wald! O Schatten grüner Gänge!
Geliebte Flur voll Frühlings-Pracht!
Mich hat vom städtischen Gedränge
mein günstig Glück zu euch gebracht:
wo ich, nach unruhvollen Stunden,
die Ruhe, die dem Weisen lacht,
im Schoße der Natur gefunden.

Johann Peter Uz

Der Herbst ist ein zweiter Frühling,
wo jedes Blatt zur Blüte wird.

Albert Camus

Herbst

Herbst. Der Wald ist alt geworden. Sein Haar vergilbt. Es fällt aus. Oft stöhnt er, als ob er das Reißen habe, meist sitzt er gedrückt und still wie ein greiser Mann. Abends und morgens, wenn es kälter wird, hüllt er sich fröstelnd in filzig dicke Nebeldecken ein. Nur in wärmeren Stunden kokettiert er noch ein bisschen mit dem Leben.

Oft aber ist der Alte auch von großer, schöner Klarheit und tiefer Milde. Leidenschaftslos … ungehetzt … ungeängstigt vom Leben und … vom Tod. Einer, der alles erlebt hat und nun zwar das Leben nicht verachtet, aber sich doch mit seinem Ende in lächelnder Ruhe abfindet. Ohne Toben und ohne hässliches Gestöhne.

Es war schön. Es ist aus. Gut. Ich bescheide mich. So altert ein Weiser. So altert der Wald.

Die Singvögel sind fortgezogen wie Millionen bunter Zwitscherfreuden, die von einem Alternden abrücken. Glückliche Reise! Ihr werdet euch an einen anderen hängen und dann auch wieder abrücken.

Um Allerseelen wird der Wald sterben. Und zu Ostern wird er wieder auferstehen. Weil ihm diese Gewissheit innewohnt, ihm im Mark und in allen Adern sitzt, darum ist er so ruhig.

Paul Keller

Das brauchst du

„Über herbstliche Stoppelfelder streifen, mit Märchen-schritten in den herzhaft gähnenden Spätoktobernachmit-tag wandern, einfach querfeldein auf Landschaften zuge-hen, die einem immer erscheinen, als wäre man dort noch nie gewesen (höchstens vor sehr langer Zeit im Traum); mit den schwarzen Sonnenblumenstängeln und den ihrer Kolben bereits beraubten, in Einsamkeit zurückgelassenen Maisschlägen reden; unermüdlich den Liedern des Win-des lauschen, die immer etwas Neues wissen, als lernten sie wie wir mit den verrinnenden Jahren die Gefühle kennen … Die Zeit unter Pappeln mit fallendem Laub verbringen, bei bunten Elstern, die wie Libellen beben, bei Blaufal-ken, die auf einsamen Bäumen hocken, bei Wolken, die in großer Ferne am Rande meines Horizonts dahinziehen … Das brauchst du, mein Freundchen", sprach mein Großva-ter bei sich, als er allein geblieben war.

Gyula Krúdy

83

Ich hab es gerne...

Ich hab es gerne ... wenn Nebel liegt ... jener
schwere dicke Herbst- und Winternebel, durch
den die Sonne nicht mehr durchkommt, sodass
es wie weiße Nacht in den Straßen steht.
Es ist so schön still dann überall ...
Das laute Rasseln und Rollen des Alltags
dämpft sich zu leisem heimlichem Summen, das
ganze Leben rinnt zu Traum hinüber und es ist
immer nur ein kleines Stückchen, das du übersiehst ...
Ich hab es gerne drum, wenn Nebel liegt:
Es ist so traulich und so heimisch dann auf Erden:
Die grellen Lichter verfließen, die stürzenden
Wogen verrauschen und all die Unruhe in der
Brust verstummt und das quälende Hinausdrängen
ins Weite ...
Lächelnd kehrt die Sehnsucht aus der Ferne
und ein selig Froh-sein schmeichelt sich ins Herz
und küsst mit Kinderlippen alle seine Wunden
zu, und inniger schmiegt der Wunsch sich an die
Nähe ...
Es ist wie ein still Zu-Hause-sein, wie ein Besinnen
auf sich selbst und Kräfte-sammeln ...
Es ist, wie wenn du aus dem Lärm der Fremde
für ein paar Stunden einmal in die Heimat kämst
und durch die alten lieben engen Gassen gingest ...

Du weißt, man kennt dich hier … man hat dich
lieb … du wirst dir selber wieder lieb … und
fühlst als Ganzes dich … und fester tritt dein
Fuß auf, ruhiger und sicherer, und freudiger
siehst du nachher die bunte Ferne
sich enthüllen wieder …
Ich hab es gerne drum, wenn Nebel liegt …
es ist so traulich und so heimisch dann auf Erden.

Cäsar Flaischlen

Alles hat seine Zeit

Ein Maikäfer und ein junger Enger-
ling trafen sich am Waldrand. Sie waren
verwandt miteinander und plauderten ein
Stündchen.

„Du bist ein Staatskerl!", sagte der Engerling
mit einem Blick unverhohlener Bewunderung.

„Ja, mein Junge", sagte der Käfer, „wer's erst so weit
gebracht hat wie ich –"

Und er flog auf einen niedrigen Eichenast und fraß ein
Blatt an.

„Kannst du das auch?", fragte er von oben herab.

Nein, das könnte er nicht, musste der Engerling eingeste-
hen, wobei ihm das Wasser im Maul zusammenlief. Und er
ärgerte sich ein bisschen über den Käfer.

„Äh", machte der hochmütig und kam wieder herab, „übri-
gens ein ganz miserabeles Futter, das da oben! Zu alt, weißt
du, zu hart und zu ledern!"

„Aber erlaube mal, es sind doch Eichenblätter!", fiel der
Engerling mit leichtem Vorwurf ein.

 „Ja, das verstehst du nicht, Kleiner", ant-
wortete in überlegenem Ton der Käfer.
„Eichenblätter sind es wohl, nur nicht der
rechte Jahrgang. Fünfhundert Jahre zu alt,
hähä! Da müsstest du mal mit hinüber nach
der Chaussee kommen, da stehen ganz junge Eichen, ah,
Junge, ich sage dir –"
Und er machte die lüstern-vergnügte Miene des Gour-
mands.
„Nach der Chaussee ist es drei Tagereisen", sagte der En-
gerling.
„Ja, für euch Kriecher", bemerkte der Käfer;
„ich bin in fünf Minuten drüben. Brr, ihr
führt doch ein fürchterliches Leben: so un-
beholfen, so hässlich, so immer im Finste-
ren, immer im Schmutz."
„Aber du warst auch einmal hier unten",
wagte der Engerling einzuwenden. Das Gesicht des schö-
nen Käfers verfinsterte sich; er mochte nicht gern an seine
obskure Vergangenheit erinnert werden.
„Weißt du", sagte er, „die Hauptsache ist, dass man über-
haupt einmal herauskommt aus dem Elend. Nur selten
erreicht einer das Licht; die meisten frisst der schwarze
Maulwurf oder ein Bauer zertritt sie. Ach, und die Freiheit
ist so schön, der Glanz, der Duft, das Licht und nirgends
eine Schranke und überall ein Vergnügen!"
„Habt ihr keine Feinde?"
Der Käfer machte ein bedenkliches Gesicht.

„Oh ja! Brummen hat eine Henne gefressen und Schnurren hat ein Junge in eine Streichholzschachtel gesperrt. Aber die Gefahr erhöht nur den Reiz. Ich hätt's hier draußen im Wald ganz leidlich, aber ich fliege alle Tage einmal hinein ins Dorf. Einem jungen Mädel hab ich mich auf den Nacken gesetzt, dass sie schrie, und dem Amtmann bin ich mitten ins Gesicht geflogen, dass er erschrak. Du siehst, ich wage mich an das Höchste."

Der Engerling sah den Käfer ehrfürchtig an. Dem Amtmann flog er ins Gesicht! Und er selbst zitterte vor jedem Gänsemädel.

„Ach", seufzte er, „wäre ich doch auch so weit wie du."

Das gefiel dem Käfer.

„Hab nur Geduld, alles hat seine Zeit, lass dich nicht von anderen auffressen, bücke dich nicht unter eine Stiefelsohle! Wer das nicht tut, kommt von selbst ans Licht, wenn seine Art danach ist! Und nun adieu, Kleiner, grüß unten schön, ich muss fort, ich habe Hunger!"

Nach Paul Keller

Winterschlaf?

Alljährlich pflegen wir zu sagen, dass die Natur ihren Winterschlaf antrete, aber noch nie haben wir uns diesen Schlaf aus der Nähe angesehen, oder genauer gesagt, noch nie haben wir ihn von unten gesehen. Stellen wir doch einmal die Dinge auf den Kopf, damit wir sie besser kennenlernen; stellen wir doch die Natur auf den Kopf, damit wir in sie hineinsehen können, kehren wir sie nach oben, die Wurzeln. Du lieber Gott, und das soll ein Schlaf sein? Das nennt ihr Ausruhen? Eher möchte man sagen, die Natur habe aufgehört nach oben zu wachsen, weil sie keine Zeit dafür hat. Sie krempelt sich nämlich die Ärmel auf und wächst nach unten; spuckt sich in die Hände und gräbt sich in die Erde ein. Seht doch, dieses Lichte in der Erde, das sind neue Wurzeln, seht doch, bis wohin sie sich vordrängen ...

Wir sagen, der Frühling sei die Zeit des Ausschlagens; in Wirklichkeit aber ist es der Herbst. Es ist zwar wahr, solange wir die Natur betrachten, endet das Jahr mit dem Herbst. Aber fast noch wahrer ist es, dass der Herbst der Anfang des Jahres ist. Man nimmt allgemein an, dass im Herbst die Blätter abfallen, was ich wirklich nicht leugnen kann; ich behaupte nur, dass der Herbst in einem gewissen tieferen Sinn die Zeit ist, in der die Blätter eigentlich hervorsprießen. Die Blätter verwelken, weil es Winter wird; aber sie verwelken zugleich, weil der Frühling beginnt, weil sich schon neue Knospen, klein wie Knallerbsen, bilden, aus denen der Frühling ausbricht. Es ist nur eine optische Täuschung, dass Bäume und Sträucher im Herbst kahl sind; sie sind nämlich mit allem übersät, was sich im Frühling an ihnen entfalten und entwickeln wird. Es ist eine optische Täuschung, dass die Blume im Herbst eingeht, weil sie eigentlich geboren wird.

Wir sagen, die Natur ruhe aus, indes sie sich wie wild nach vorn durchschlägt. Sie hat nur den Laden gesperrt und die Rollbalken herabgelassen; aber dahinter wird bereits neue Ware ausgepackt und die Fächer zum Brechen gefüllt. Leute, das ist der rechte Frühling; was jetzt nicht fertig ist, wird auch im April nicht fertig sein. Die Zukunft liegt nicht vor uns, sondern ist schon da, in der Gestalt des Keimlings, ist unter uns; und was nicht unter uns ist, wird es auch in Zukunft nicht sein. Wir sehen die Keimlinge nicht, weil sie unter der Erde sind; wir sehen die Zukunft nicht, weil sie in uns ist. Manchmal scheint es uns, als ob wir nach Verwesung röchen, zugedeckt mit allen trockenen Überresten der Vergangenheit; könnten wir nur sehen, wieviel dicke und weiße Triebe sich den Weg im alten Kulturboden bahnen, den man das Heute nennt, wieviel Samen im Geheimen keimen, wieviel alte Setzlinge sich sammeln und zu einem lebendigen Trieb vereinen, der einstens zu blühendem Leben aufgehen wird. Könnten wir das geheime Gewimmel der Zukunft unter uns sehen, wir würden wahrscheinlich sagen, dass unser Klagen und unser Misstrauen eine große Dummheit sind, und dass das Beste von allem ist: ein lebendiger Mensch zu sein; nämlich ein Mensch, der wächst.

Karel Čapek

Jeder Tag ist
ein Geschenk

Tagesanbruch

Den Tagesanbruch zu schauen!
Der erste Lichtstreifen lässt die ungeheure, mondlichte
Schattenwelt verbleichen;
wie erquickt die Morgenluft meine Kehle!
Sprossen der erwachenden Welt – still erheben sie sich mit
kindlichem Jubel,
frisch schießen sie hervor;
schräg schnellen sie hin, in die Höhen und in die Tiefen.
Etwas Unsichtbares richtet sinnenfrohe Zacken empor,
Meere von glänzendem Saft überfluten den Himmel.
Der Himmel, der bei der Erde verweilt, bei der täglich neu
geschlossenen Vereinigung;
die Herausforderung, die sich in diesem Augenblick vom
Osten her erhebt,
der höhnende Spott: Siehe denn, ob du Herr wirst!
Bei Tagesanbruch aufzustehen und sogleich zur Arbeit zu
eilen!
Im Herbst das Land für die Wintersaat zu pflügen;
Obstgärten zu pflegen, Bäume zu pfropfen und im Herbst
die Äpfel zu ernten.
Oh, im Schwimmbad zu baden oder an einer schönen Stel-
le am Ufer;
im Wasser zu plantschen! Bis über die Knöchel darin zu
waten!
Oder nackt am Gestade entlang zu rennen!

Oh die Raumvorstellung!

Die Vorstellung vom Überfluss aller Dinge, und dass es keine Grenzen gibt!

Aufzutauchen und eins zu sein mit Firmament, Sonne, Mond und eilenden Wolken!

Oh die Wonne des menschlichen Selbstbewusstseins!

Niemandem untertan zu sein! Niemandem, weder einem bekannten noch unbekannten Tyrannen willfährig zu sein!

In aufrechter Haltung einherzuschreiten mit leichtem, elastischem Schritt!

Mit voller, klingender Stimme aus geweiteter Brust zu sprechen

und die eigene Persönlichkeit allen andern Persönlichkeiten der Erde entgegenzustellen.

Kennst du die herrlichen Freuden der Jugend?

Freude an lieben Gefährten, Scherzwort und lachenden Gesichtern?

… Und segeln, segeln, segeln!

Oh, das Leben hinfort zu besitzen wie ein Gedicht immer neuer Freuden!

Tanzen, händeklatschen, jauchzen, hüpfen, springen, weiter rollen, weiter schwimmen!

Ein Seefahrer der Welt zu sein, nach allen Häfen bestimmt!

Selber ein Schiff (sieh, wie ich wirklich meine Segel der Sonne und der Luft entgegenschwelle!), ein schnelles, schaukelndes Schiff voll reicher Worte und Freuden!

Walt Whitman

Frühling im Garten

Oh, ich möchte tanzen und singen vor Freude, dass der
Frühling da ist! Was für eine Wiederauferstehung
von Schönheit in meinem Garten und von heller
Zuversicht in meinem Herzen! Den ganzen strah-
lenden Ostertag habe ich draußen verbracht; zu-
erst saß ich inmitten von Buschwindröschen
und Scharbockskraut, später dann bin ich mit
den Kindern zum Hirschwald gegangen, um
zu sehen, was der Frühling hier ausgerich-
tet hatte; der Nachmittag war so heiß, dass
wir lange Zeit im Gras gelegen und durch
die kahlen Zweige der Silberbirken zu den
dicken weichen Wolken hinaufgeblinzelt ha-
ben, die bewegungslos im Blau schwammen.
Wir nahmen unseren Tee auf dem Rasen in
der Sonne, und als es spät wurde, die Kin-
der im Bett waren und all die kleinen
Buschwindröschen sich zur Nacht zu-
sammengefaltet hatten, wanderte ich
immer noch auf den grünen Pfaden

umher, das Herz voll glücklichster Dankbarkeit. Es macht einen sehr demütig, wenn man sich von einer solchen Fülle an Schönheit und verschwenderischer Vollkommenheit aus unbekannter Hand umgeben sieht; man denkt dann an die völlige Armseligkeit der eigenen halbherzigen Nächstenliebe und wie missvergnügt wir sind, wenn sie nicht sofort und umfänglich gewürdigt wird. Ich vertraue inständig darauf, dass ich die Segnungen, die mich allzeit in meinem Garten erwarten, nach und nach immer mehr verdienen werde, und dass ich wachse in Anmut und Geduld und Heiterkeit wie die glücklichen Blumen, die ich so sehr liebe.

Elizabeth von Arnim

Heiterer Himmel

Heute ist weithin heiterer Himmel mit tiefem Blau, die Sonne scheint durch mein geöffnetes Fenster, das draußen schallende Leben dringt klarer herein, und ich höre das Rufen spielender Kinder. Gegen Süden stellen sich kleine Wolkenballen auf, die nur der Frühling so schön färben kann; die Metalldächer der Stadt glänzen und schillern, der Vorstadtturm wirft goldne Funken, und ein ferner Taubenflug lässt aus dem Blau zu Zeiten weiße Schwankungen vortäuschen. Wäre ich ein Vogel, ich sänge heute ohne Aufhören auf jedem Zweig, auf jedem Zaunpfahl, auf jeder Scholle, nur in keinem Käfig.

Adalbert Stifter

Wie nach einem warmen Regen das Abendrot und das flüssige Sonnenlicht von allen goldgrünen Hügeln rinnt, so stand ein zitternder Glanz über meinem ganzen Innern und über meiner Vergangenheit, und überall lagen helle Freudentränen. Ein süßes Nagen nahm mein Herz auseinander wie zum Sterben, und alles war mir so nahe und so lieb! Ich hätte der lispelnden Zitterpappel antworten und den Frühlingslüften danken mögen, die so kühlend das heiße Auge umwehten! Die Sonne hatte sich mütterlich-warm auf mein Herz gelegt und pflegte uns alle, die kalte Blume, den jungen nackten Vogel, den starren Schmetterling und jedes Wesen; ach, so soll der Mensch auch sein, dacht ich. Und ich ging den Sandweg und schonte das Leben des armen Gräschens und der liebäugelnden Blume, die ja hauchen und erwachen wie wir – ich vertrieb die weißen durstigen Schmetterlinge und Tauben nicht, die sich nebeneinander von der nassen Erdscholle zum Trank bückten – oh, ich hätte die Wellen streicheln mögen – – diese Schöpfung ist ja so kostbar, und das noch so klein gestaltete Herz hat ja doch sein Blut und eine Sehnsucht.

Jean Paul

Einzig schöne Tage

Einzig schöne Tage,
Sonnentage der Seele …
Und ich träume hinaus in den goldenen Tag
und auf weißen Möwenflügeln
wiegt sich meine Seele
durch die schimmernde Luft …
über Wasser, Berg und Wald und Wiese
und keine Uhr mahnt
an die verrinnende Stunde …
keine Sorge … kein Wunsch …
kein Verlangen …
Alles ist Sonnenschein, blauer Himmel,
Schwalbenlied und Wellenrauschen.

Cäsar Flaischlen

Atemzüge eines Sommertags

Ein geräuschloser Strom glanzlos-durchsichtigen Blütenschnees schwebte, von einer abgeblühten Baumgruppe kommend, durch den Sonnenschein, und der Atem, der ihn trug, war so sanft, dass sich kein Blatt regte. Kein Schatten fiel davon auf das Grün des Rasens, aber dieses schien sich von innen zu verdunkeln wie ein Auge. Die zärtlich und verschwenderisch vom jungen Sommer belaubten Bäume und Sträucher, die beiseite standen oder den Hintergrund bildeten, machten den Eindruck eines gebannten Zuschauerkreises, der, in seiner fröhlichen Tracht überrascht, gleich so wie er war, an diesem Begräbniszug und Naturfest teilnahm. Frühling und Herbst, Sprache und Schweigen der Natur, Leben und Tod vereinigten sich in dem Bild; und die Augen, die es gewahrten, hießen jetzt die Lippen verstummen.

Robert Musil

Sommerszeit

Die anmutige Sommerszeit zu besingen! Welch eine Zeit ist dies! Wie herrlich prangt der Juni im Kalender! Die Fenster stehen alle weit geöffnet; aber die Jalousien sind geschlossen. Hier und da ergießt sich ein langer Streifen Sonnenschein durch eine Spalte. Man vernimmt das Säuseln des Windes in den Bäumen; und indem er anschwellt und lebhafter wird, hört man die Türen in der Ferne mit plötzlichem Geräusch zuschlagen. Die Bäume sind schwer von Blättern und die Gärten prangen voll roter und weißer Blüten. Die ganze Atmosphäre ist erfüllt mit Wohlgeruch und Sonnenschein. Die Vögel singen. Der Hahn stolziert umher und kräht vor Übermut. Insekten zirpen im Gras. Gelbe Butterblumen schmücken den grünen Teppich der Wiese wie goldene Knöpfe und die roten Blüten des Klees wie Rubine. Birken neigen ihre langen, hängenden Äste fast auf die Erde. Weiße Wolken segeln in der Höhe, und Dünste überziehen den blauen Himmel mit Silberglanz. Das schimmernde Dörfchen hebt sich in der Ferne ab von den dunkeln Bergen. Durch die Wiese gleitet der Fluss dahin – ohne Sorge, ohne Eile. Er scheint die Gegend zu lieben und beeilt sich nicht, das Meer zu erreichen. Aber die Biene ist umso mehr bei der Arbeit – die reizbare, ernsthafte Biene. Alles andere gibt sich dem Spiel hin; sie spielt nie, und sie ist ärgerlich, dass es ein anderer tun mag.

Die Menschen verlassen die Stadt, um frei zu atmen, um sich glücklich zu fühlen. Sie tragen Blumen in den Händen, Büschel von Apfelblüten, öfter noch Sträuße spanischen Flieders. Oh ihr Bürger der engen Stadt, wie tut es euch wohl, die dumpfen Straßen mit dem von Kleeblüten duftenden freien Feld zu vertauschen! Wie erfreulich ist euch die frische Landluft, gemischt mit den Tränen der Wiese! Wie herrlich sind vor allem die Blumen – die unzähligen, bunten, schönen Blumen!

Der Tag hat sich geneigt. Durch die Bäume steigt der rote Mond empor und die Sterne sind kaum sichtbar. Unter den großen Schatten der Nacht senken sich Kühle und Tau herab. Ich sitze am offenen Fenster, mich ihrer zu erfreuen, und vernehme nichts als die Stimme des Sommerwindes. Gleich schwarzen Schiffsrümpfen liegen die Schatten der hohen Bäume auf dem wogenden Meer des Grases vor Anker. Ich kann die roten und blauen Blumen nicht erkennen, aber ich weiß, dass sie da sind. In der Ferne auf der Aue schimmern die Silbersterne … nun ist alles still, nur der rege Wind der Sommernacht bleibt wach. Manchmal weiß ich nicht, ob es der Wind oder das Brausen des nahen Meeres ist. Die Dorfuhr schlägt, und ich fühle, dass ich nicht allein bin.

Henry Wadsworth Longfellow

Die fünfte Jahreszeit

Wenn der Sommer vorbei ist und die Ernte in die Scheuern gebracht ist, wenn sich die Natur niederlegt, wie ein ganz altes Pferd, das sich im Stall hinlegt, so müde ist es – wenn der späte Nachsommer im Verklingen ist und der frühe Herbst noch nicht angefangen hat –: Dann ist die fünfte Jahreszeit.

Nun ruht es. Die Natur hält den Atem an; an andern Tagen atmet sie unmerklich aus leise wogender Brust. Nun ist alles vorüber: Geboren ist, gereift ist, gewachsen ist, gelaicht ist, geerntet ist – nun ist es vorüber. Nun sind da noch die Blätter und die Gräser und die Sträucher, aber im Augenblick dient das zu gar nichts; wenn überhaupt in der Natur ein Zweck verborgen ist: Im Augenblick steht das Räderwerk still. Es ruht.

Mücken spielen im schwarz-goldenen Licht, im Licht sind wirklich schwarze Töne, tiefes Altgold liegt unter den Buchen, Pflaumenblau auf den Höhen ... kein Blatt bewegt sich, es ist ganz still. Blank sind die Farben, der See liegt wie gemalt, es ist ganz still. Boot, das flussab gleitet, Aufgespartes wird dahingegeben – es ruht.

So vier, so acht Tage – und dann geht etwas vor.

Eines Morgens riechst du den Herbst. Es ist noch nicht kalt; es ist nicht windig; es hat sich eigentlich gar nichts geändert – und doch alles. Es geht wie ein Knack durch die Luft – es ist etwas geschehen: So lange hat sich der Kubus noch gehalten, er hat geschwankt ..., na ... na ..., und nun ist er auf die andere Seite gefallen. Noch ist alles wie gestern: die Blätter, die Bäume, die Sträucher ... aber nun ist alles anders. Das Licht ist hell, Spinnenfäden schwimmen durch die Luft, alles hat sich einen Ruck gegeben, dahin der Zauber, der Bann ist gebrochen – nun geht es in einen klaren Herbst. Wie viele hast du? Dies ist einer davon. Das Wunder hat vielleicht vier Tage gedauert oder fünf, und du hast gewünscht, es solle nie, nie aufhören. Es ist die Zeit, in der ältere Herren sehr sentimental werden – es ist nicht der Johannistrieb, es ist etwas andres. Es ist: optimistische Todesahnung, eine fröhliche Erkenntnis des Endes. Spätsommer, Frühherbst und das, was zwischen ihnen beiden liegt. Eine ganz kurze Spanne Zeit im Jahr.
Es ist die fünfte und schönste Jahreszeit.

Kurt Tucholsky

105

Mein ganzes Wesen verstummt und lauscht,
wenn der leise geheimnisvolle Hauch
des Abends mich anweht.

Friedrich Hölderlin

Dämmerstunde

Hier in dieser kleinen Landstadt gibt es auch noch die
Dämmerstunde; sie wird gepflegt wie einst überall, auch in
der Großstadt. Ach, es gibt keine Dämmerstunde mehr in
Berlin! Früher, als ich noch ein Kind war, gab es noch eine.
Ein seltsames Raunen ging dann durch meine kleine Welt,
die Natur und die geschäftige Stadt schienen einen Au-
genblick den Atem anzuhalten zwischen Tag und Nacht,
zwischen Sonnenlicht und Lampenschein, und es kam so
etwas wie eine feine Müdigkeit, ein Einkehren in sich, ein
Besinnen.

„Schummerstunde!", sagte dann mein Vater. Es war dämm-
rig geworden in der kleinen Werkstatt, die Augen wollten
nicht mehr so recht. Er legte den Hammer beiseite, schob
die Brille auf die Stirn und setzte sich ein wenig bequem
in dem alten Stuhl zurecht, die vom vielen Schaffen rau
und knochig gewordenen Hände im Schoß faltend. Dann
hockte ich wohl neben ihm auf der niederen Bank, er sag-
te mit seiner knurrig-gutmütigen Stimme seine größte
Schmeichelei zu mir: „Seeräuber!" und griff mir ein wenig
hart in den vollen Bubenschopf.

Es wurde so still in dem kleinen Raum. Draußen versank alles in Undeutlichkeit, noch brannte kein Licht in den Fenstern ringsum, und die Stille kam, denn überall hielten sie „Schummerstunde". In den Ecken krochen geheimnisvolle Schatten, nur das blanke Metall war da und dort noch erkennbar, und aus dem Feuerloch des eisernen Ofens wuchs der Glutschein, den das Tageslicht unterdrückt hatte, zu eigener Macht, karfunkelte so seltsam auf dem Fußboden, auf den Zinnkannen des Gesimses, auf den Gesichtern. Ein Fabelwesen wurde dann der kleine Ofen, der wunderliche Spiele spielte mit der mächtigen Fledermaus Dunkelheit, die ihre gespenstischen Flügel aus den Ecken hervorspreizte und unter dem Glutblick wieder zurückzog.

Die Mutter hörte auf, mit den Herdringen und den Töpfen zu klirren, sie trocknete die alten, müden Hände an der blauen Schürze, strich eine graue Strähne aus dem guten Gesicht und setzte sich auf den Küchenstuhl uns gegenüber.

Man sprach wenig. Jedes hing den eigenen Gedanken nach, und dennoch sprach man nie so viel, scheint mir, wie in diesem Schweigen. „Die größte Offenbarung ist die Stille!" Ach, es gibt keine Stille mehr! Das Maschinenzeitalter mit seinem Gewoge und seinem Kampf und Krampf kennt nur noch Rasseln und Getöse. Es verträgt die Stille nicht mehr und übertönt sie mit rauschender Musik, wo sie einmal Platz nehmen will in der Dämmerstunde.

Dämmerstunde! Moment des Ausruhens zwischen Tag und Nacht … die Hände ruhten einen Augenblick, die Augen füllten sich mit den Schatten des arbeitsreichen Tages, ihr Blick kehrte sich nach innen. Einkehr! Dämmerstunde, Grübelstunde. Da und dort fiel ein gutes Wort! Der Vater erzählte eine kleine Schnurre aus seinen Handwerksburschentagen. Erinnerung, Jugendzeit. Fern lag die Welt und still.

Bruno H. Bürgel

Vom Kirschbaum

Ist alles ganz kahl und still,
nicht mal im Grase sich's regen will,
steht alles geduckt,
klappert im Frost und muckt
mit dem Winter. Der putzt es mit Raureif auf,
aber keines gibt was drauf.

Doch im Garten
sagt einer: Ich kann warten.
Ist jemand, du kennst ihn wieder kaum,
so dünn ist er worden: der Kirschenbaum.
Schläft er nicht?
Trau einer dem Wicht!
Heute Mittag um eins
gab's mal ein Pröbchen Sonnenscheins:

Darin – ich habe
das deutlich gesehn –
mit seinen Knospen
fingerte der alte Knabe,
ein wenig vorsichtig und geziert,
wie man Badewasser probiert,
und über seine Runzeln
ging ein Schmunzeln.

Ferdinand Avenarius

Es gibt überall
Blumen für den,
der sie sehen will

Achte gut auf diesen Tag

Achte gut auf diesen Tag,
denn er ist das Leben –
das Leben allen Lebens.
In seinem kurzen Ablauf liegt alle Wirklichkeit
und Wahrheit des Daseins,
die Wonne des Wachsens,
die Größe der Tat,
die Herrlichkeit der Kraft –
denn das Gestern ist nichts als ein Traum
und das Morgen nur eine Vision.
Das Heute jedoch – recht gelebt –
macht jedes Gestern zu einem
Traum voller Glück
und jedes Morgen zu einer
Vision voller Hoffnung.

Darum achte gut auf diesen Tag!

Dschalāl ad-Dīn Muhammad Rūmī

Vogel und Lilie, diese fröhlichen Lehrer

Vogel und Lilie ... „Diese fröhlichen Lehrer", ja, denn du weißt, die Freude ist mitteilsam, und deshalb kann niemand besser Freude lehren, als wer selbst fröhlich ist. Ein Lehrer der Freude hat eigentlich nichts anderes zu tun, als selbst froh zu sein; wie sehr er sich auch anstrengen mag, Freude mitzuteilen – wenn er nicht selbst froh ist, so ist sein Unterricht unvollkommen. So ist nichts leichter, als in Freude zu unterweisen – man braucht bloß selbst stets in Wahrheit froh zu sein. Aber es ist nicht so leicht, allzeit fröhlich zu sein.

Doch draußen bei der Lilie und dem Vogel, da ist allzeit Freude ... Denn sie ist ja in der Lilie und in dem Vogel. Welche Freude, wenn der Tag graut und der Vogel früh erwacht zur Freude des Tages; welche Freude, wenn auch in andrem Ton, wenn der Abend dämmert und der Vogel froh zu seinem Nest eilt; und welche Freude den langen Sommertag! Welche Freude, wenn der Vogel froh sein Lied beginnt, und er singt nicht bloß zur Arbeit, seine Arbeit ist Gesang ...

Ihre Freude ist der heutige Tag, ist der Tag *Heute* – und dass sie gar keine Sorge haben für den andern Morgen, für den morgenden Tag – und der ist Freude, wie er es für die Lilie und den Vogel ist.

Søren Kierkegaard

Von Herzen froh

Ich könnte heute noch im Wald wie ein Knabe spielen: aus Steinen und Holzstücken Häuser bauen, mit dürren Zweiglein Straßen abstecken und Haine bilden, einen Felsblock zum Rang eines Alpengipfels erheben und einem Hirschkäfer und seiner Frau die Herrschaft über das alles verleihen. Und dieses kleine Reich würde mich glücklicher machen und meine Fantasie umständlicher erregen und beschäftigen – als ein noch so großes der Wirklichkeit. So habe ich einmal, mit 35 Jahren, acht Tage am Strand von Sylt mit Bauen und Zimmern einer Strandhütte verbracht und war wohl selten so von Herzen froh wie bei diesem harmlosen Spiel.

Christian Morgenstern

Unter dem Himmel

Drei Monate Lagerleben am Lake Tahoe würden einer ägyptischen Mumie ihre frühere Lebenskraft wiedergeben, und einen Appetit wie ein Alligator. Ich meine natürlich nicht die ältesten und ausgetrocknetsten Mumien, sondern die etwas jüngeren. Die Luft da oben in den Wolken ist so rein und klar, erfrischend und köstlich. Und warum sollte sie es auch nicht sein – es ist dieselbe, die die Engel atmen.

Ich glaube, ein Mensch könnte nicht so viel Müdigkeit ansammeln, dass er sie nicht in einer einzigen Nacht im Sand des Seeufers wegschlafen könnte. Nicht unter einem Dach, sondern unter dem Himmel.

Bummelzug nach Norden

Wenn der D-Zug mit dem langsamen Tempo, das sie jetzt haben, durch Schleswig-Holstein nach Norden fährt, so sei dem darin befindlichen Fahrgast geraten, sich inzwischen mit der ringsherum sichtbaren schleswig-holsteinischen Zoologie zu beschäftigen.

Man sieht in dieser Landschaft mehr Milchkühe als Menschen, was der Landschaft nur zum Vorteil gereicht; und man kommt zu der Erkenntnis, dass es nicht an den Kühen liegen kann, wenn die Milch teuer ist. Bei dieser Gelegenheit muss ich das Geständnis ablegen, dass ich nicht recht weiß, warum man diese Tiere immer ausdrücklich Milchkühe nennt. Was sollen es denn sonst für Kühe sein? Oder gibt es auch Kognakkühe? Dann bedauere ich nur, dass ich noch keiner von ihnen begegnet bin.

Nun wackelt der D-Zug an einer Katze vorüber, die im Gras auf die Jagd geht. Sie wirft uns nur einen kurzen missbilligenden Blick zu und widmet sich darauf gelassen wieder ihrer Beschäftigung. Ohne Zweifel hat sie in diesem Augenblick gedacht: Muss die Bande gerade jetzt vorbeikommen!

Ich finde es reizend, dass die Züge so langsam fahren. Man hat viel mehr vom Leben.

Da liegt auf der Wiese ein Pferd lang ausgestreckt, als sei es tot. Es ist aber gar nicht tot, es erlaubt sich nur, auch einmal im Liegen zu schlafen wie sonst alle andere Kreatur;

und das ist ein Anblick, den man nur zu selten hat und der jedem Herzen wohltun muss. Das Schönste aber daran ist, dass dieses Pferd eine Stute ist und ihr Fohlen bei sich hat. Das Fohlen liegt ebenfalls ausgestreckt an der Mutter und trinkt und schläft zu gleicher Zeit.

Darauf bleibt der Zug auf offener Strecke völlig stehen, entweder weil er die letzten drei Meter schneller gefahren ist, als ihm die Vorschrift erlaubt, oder weil sonst etwas nicht in Ordnung ist. Wir lassen die Fenster herunter, stecken die Köpfe hinaus und werden dabei jetzt erst gewahr, dass während der ganzen Zeit über uns die Lerchen am Werk gewesen sind. Zu Hunderten hängen sie in der Luft, hingerissen von ihrem wilden, süßen, sonnenseligen Gesang, und über die ganze Juniwiesenwelt ist ein goldenes Netz von Klängen und von Lebenslust gespannt.

Wir Fahrgäste aber wenden uns an den Schaffner mit den Worten: Was ist denn das für eine infame Bummelei, dass der Zug hier so lange stehen bleibt!

Victor Auburtin

Das Lied der Welt

Jetzt will ich nichts tun als lauschen,
damit das, was ich höre, aus diesem Lied aufsteigt, dass es
seine Klänge erfüllt.
Ich höre Jubellieder von Vögeln, das Knistern des Weizens
beim Wachsen, das Schwatzen der Flammen und das Kna-
cken des Reisigs, auf dem ich mein Essen koche,
ich höre den Ton, den ich liebe, den Laut der menschlichen
Stimme;
ich höre alle Töne ineinanderfließen, verflochten, ver-
schmolzen oder aufeinander folgend;
Laute der Stadt und Laute von außerhalb der Stadt, Laute
von Tag und Nacht;
das muntere Plaudern junger Liebender; das schallende
Lachen der Handwerker bei ihren Mahlzeiten …
Ich höre das Cello (es ist des Jünglings Herzensklage);
ich höre das Klappenhorn; kraftvoll dringen seine Töne an
mein Ohr,
mit wildsüßen Stößen erschüttern sie mir Bauch und Brust.
Ich höre den Chor, eine große Oper.

Ach! Das nenn ich Musik! – Das stimmt zu mir!
Eine Tenorstimme, groß und frisch wie die Schöpfung,
verzückt mich;
sie strömt aus der bogenförmigen Wölbung des Mundes
und erfüllt mich ganz.
Ich höre die vollendete Sopranstimme (was für eine Wir-
kung geht von ihr aus!).
Das Orchester wirbelt mich weiter fort, als Uranus fliegt,
es entlockt mir solche Glut des Gefühls, ich ahnte nicht,
dass ich sie besäße;
es wiegt mich mit Wogen; ich plätschere mit bloßen Fü-
ßen; sie werden von den sanften Wellen umspült …
Schließlich tauche ich wieder empor, um hinter das Rätsel
der Rätsel zu kommen,
und das nennen wir: Sein.

Walt Whitman

Genieße, was du hast, als ob du heute
noch sterben solltest, aber spar es auch,
als ob du ewig lebtest. Der allein ist weise,
der im Sparen zu genießen
und im Genuss zu sparen weiß.

Lukian

Der Wunschring

Ein junger Bauer, mit dem es in der Wirtschaft nicht recht
vorwärtsgehen wollte, saß auf seinem Pflug und ruhte ei-
nen Augenblick aus, um sich den Schweiß von der Stirn zu
wischen. Da kam eine alte Hexe vorbeigeschlichen und rief
ihm zu: „Was plagst du dich und bringst's doch zu nichts?
Geh zwei Tage lang geradeaus, bis du an eine große Tanne
kommst, die frei im Wald steht und alle anderen Bäume
überragt. Wenn du sie umschlägst, ist dein Glück gemacht."
Der Bauer ließ sich das nicht zweimal sagen, nahm sein Beil
und machte sich auf den Weg. Nach zwei Tagen fand er die
Tanne. Er ging sofort daran, sie zu fällen, und in dem Au-
genblick, wo sie umstürzte und mit Gewalt auf den Boden
schlug, fiel aus ihrem höchsten Wipfel ein Nest mit zwei
Eiern heraus. Die Eier rollten auf den Boden und zerbra-
chen. Aus dem einen kam ein junger Adler heraus, aus dem
anderen fiel ein kleiner goldener Ring. Der Adler wuchs
zusehends, bis er wohl halbe Manneshöhe hatte, schüttelte
seine Flügel, erhob sich etwas über die Erde und rief dann:

„Du hast mich erlöst! Nimm zum Dank den Ring, der in dem anderen Ei gewesen ist! Es ist ein Wunschring. Wenn du ihn am Finger umdrehst und dabei einen Wunsch aussprichst, wird er alsbald in Erfüllung gehen. Aber es ist nur ein einziger Wunsch im Ring. Ist der getan, so hat der Ring alle weitere Kraft verloren und ist nur noch ein gewöhnlicher Ring. Darum überlege dir wohl, was du dir wünschst, damit du es nicht später bereust!"

Darauf hob sich der Adler hoch in die Luft, schwebte lange noch in großen Kreisen über dem Haupt des Bauern und schoss dann wie ein Pfeil nach Morgen.

Der Bauer nahm den Ring, steckte ihn an den Finger und begab sich auf den Heimweg. Als es Abend war, langte er in einer Stadt an; da stand der Goldschmied im Laden und hatte viele köstliche Ringe feil. Da zeigte ihm der Bauer seinen Ring und fragte ihn, was er wohl wert wäre. „Einen Pappenstiel!", versetzte der Goldschmied. Da lachte der Bauer laut auf und erzählte ihm, dass es ein Wunschring sei und mehr wert als alle Ringe des Goldschmieds zusammen. Doch der Goldschmied war ein falscher, ränkevoller Mann. Er lud den Bauern ein, über Nacht bei ihm zu bleiben, bewirtete ihn aufs Schönste mit Wein und glatten Worten, und als er nachts schlief, zog er ihm unbemerkt den Ring vom Finger und steckte ihm stattdessen einen ganz gleichen, gewöhnlichen Ring an.

Am nächsten Morgen konnte es der Goldschmied kaum erwarten, dass der Bauer aufbräche. Er weckte ihn schon in der frühesten Morgenstunde und sprach: „Du hast noch einen weiten Weg vor dir. Es ist besser, wenn du dich früh aufmachst." Sobald der Bauer fort war, ging er eiligst in seine Stube, schloss die Läden, damit niemand etwas sähe, riegelte dann auch noch die Tür hinter sich zu, stellte sich mitten in die Stube, drehte den Ring um und rief: „Ich will gleich hunderttausend Taler haben." Kaum hatte er dies gesprochen, so fing es an, Taler zu regnen, harte, blanke Taler, die schlugen ihm auf den Kopf, Schultern und Arme. Er fing an, kläglich zu schreien, und wollte zur Tür springen, doch ehe er sie erreichen und aufriegeln konnte, stürzte er, am ganzen Leibe blutend, zu Boden. Aber das Talerregnen nahm kein Ende, und bald brach von der Last die Diele zusammen, und der Goldschmied mitsamt dem Geld stürzte in den tiefen Keller. Darauf regnete es immer weiter, bis die hunderttausend voll waren, und zuletzt lag der Goldschmied tot im Keller und auf ihm das viele Geld. Von dem Lärm kamen die Nachbarn herbeigeeilt, und als sie den Goldschmied tot unter dem Geld liegen fanden, sprachen sie: „Es ist doch ein großes Unglück, wenn der Segen so knüppeldick kommt." Darauf kamen auch die Erben und teilten.

Unterdes ging der Bauer vergnügt nach Hause und zeigte seiner Frau den Ring. „Nun kann es uns an gar nichts fehlen, liebe Frau", sagte er. „Unser Glück ist gemacht. Wir wollen uns nur recht überlegen, was wir uns wünschen wollen." Doch die Frau wusste gleich guten Rat. „Was meinst du", sagte sie, „wenn wir uns noch etwas Acker wünschten? Wir haben gar so wenig. Da reicht so ein Zwickel gerade zwischen unsere Äcker hinein; den wollen wir uns wünschen." Der Mann aber erwiderte: „Wenn wir ein Jahr lang tüchtig arbeiten und etwas Glück haben, könnten wir ihn uns vielleicht kaufen." Darauf arbeiteten beide ein Jahr lang mit aller Anstrengung, und die Ernte war so gut wie noch nie, sodass sie den Zwickel kaufen konnten und noch ein Stück Geld übrigblieb. „Siehst du!", sagte der Mann. „Wir haben den Zwickel, und der Wunsch ist immer noch frei."

Da meinte die Frau, es wäre wohl gut, wenn sie sich noch eine Kuh wünschten und ein Pferd dazu. „Frau", entgegnete abermals der Mann, indem er mit dem übriggebliebenen Geld in der Hosentasche klapperte, „was wollen wir wegen solch einer Lumperei unsern Wunsch vergeben. Die Kuh und das Pferd kriegen wir auch so." Und richtig, nach abermals einem Jahr waren die Kuh und das Pferd reichlich verdient. Da rieb sich der Mann vergnügt die Hände und sagte: „Wieder ein Jahr den Wunsch gespart und doch alles bekommen, was man sich wünschte. Was wir für ein Glück haben!"

Doch die Frau redete ihrem Mann ernsthaft zu, endlich einmal an den Wunsch zu gehen. „Ich kenne dich gar nicht wieder", versetzte sie ärgerlich. „Früher hast du immer geklagt und gebarmt und dir alles Mögliche gewünscht, und jetzt, wo du's haben könntest, plagst und schindest du dich, bist mit allem zufrieden und lässt die schönsten Jahre vergehen."

„Lass doch dein ewiges Drängen und Treiben", erwiderte der Bauer. „Wir sind beide noch jung, und das Leben ist lang. Ein Wunsch ist nur in dem Ring, und der ist bald vertan. Wer weiß, was uns noch einmal zustößt, wo wir den Ring brauchen. Fehlt es uns denn an etwas? Sind wir nicht, seit wir den Ring haben, schon so heraufgekommen, dass sich alle Welt wundert? Also sei verständig. Du kannst dir ja mittlerweile immer überlegen, was wir uns wünschen könnten."

Damit hatte die Sache vorläufig ein Ende. Und es war wirklich so, als wenn mit dem Ring der volle Segen ins Haus gekommen wäre, denn Scheuern und Kammern wurden von Jahr zu Jahr voller und voller, und nach einer längeren Reihe von Jahren war aus dem kleinen, armen Bauern ein großer, reicher Bauer geworden, der den Tag über mit den Knechten schaffte und arbeitete, als wollte er die ganze Welt verdienen, nach der Arbeit aber gemütlich und zufrieden vor der Haustür saß und sich von den Leuten einen guten Abend wünschen ließ.

So verging Jahr um Jahr. Dann und wann, wenn sie ganz allein waren und niemand es hörte, erinnerte zwar die Frau ihren Mann immer noch an den Ring und machte ihm allerhand Vorschläge. Da er aber jedes Mal erwiderte, es habe noch vollauf Zeit, und das Beste falle einem stets zuletzt ein, so tat sie es immer seltener, und zuletzt kam es kaum noch vor, dass auch nur von dem Ring gesprochen wurde. Zwar der Bauer selbst drehte den Ring täglich wohl zwanzigmal am Finger um und besah ihn sich, aber er hütete sich, einen Wunsch dabei auszusprechen.

Und dreißig und vierzig Jahre vergingen, und der Bauer und seine Frau waren alt und schneeweiß geworden, der Wunsch aber war immer noch nicht getan. Da wurde ihnen die Gnade zuteil, dass sie beide in einer Nacht selig starben. Kinder und Kindeskinder standen um ihre beiden Särge und weinten, und als eines von ihnen den Ring abziehen und aufheben wollte, sagte der älteste Sohn: „Lass den Vater seinen Ring mit ins Grab nehmen. Er hat sein Lebtag seine Heimlichkeit mit ihm gehabt. Es ist wohl ein liebes Andenken. Und die Mutter besah sich den Ring auch so oft; am Ende hat sie ihn dem Vater in ihren jungen Tagen geschenkt."

So wurde denn der alte Bauer mit dem Ring begraben, der ein Wunschring sein sollte und keiner war, aber doch so viel Glück ins Haus gebracht hatte, wie ein Mensch sich's nur wünschen kann. Denn es ist eine eigene Sache mit dem, was richtig und was falsch ist; und schlecht Ding in guter Hand ist immer noch viel mehr wert als gut Ding in schlechter.

Richard von Volkmann-Leander

Der Garten

Hier ist die Liebe überall. Hier lernt man erst kennen, was Baum und Busch, was Vogel und Stein ist. Und nur was man kennt, liebt man; wenn man es aber erst kennt, muss man alles lieben ...

Schauen Sie sich dieses Ungetüm an! Da ist Leontodon, der Löwenzahn. Den hab ich immer nicht ausstehen können. Nun haben wir voriges Jahr da oben umgegraben und den Weg, der früher da war, zur Wiese geschlagen. Es hat aber nichts ordentlich wachsen wollen. Ich war schon ganz traurig. Plötzlich stand eines Tages der Löwenzahn da. Ich kann Ihnen gar nicht schildern, wie ich mich da über das Unkraut gefreut habe. Seitdem bin ich vorsichtig geworden; wenn ich jemanden nicht ausstehen kann, denke ich: Wer weiß, vielleicht kommt auch noch sein Tag. Man muss nur Geduld haben.

Der Gärtner bringt mir manchmal Sträucher, die ich zuerst scheußlich finde. Aber dann suchen wir, und plötzlich ist ein Platz im Garten gefunden: Da wirken sie auf einmal herrlich. Ich habe früher manche Farben nicht mögen. Jetzt weiß ich, dass es keine gibt, die, am rechten Ort, nicht schön wäre. Man muss nur verstehen, sie auf eine andere zu beziehen, die dann auch oft, neben jener, noch vieltausendmal schöner erscheint. Für sich allein taugt keine viel; eine braucht die andere. Man muss nur Geduld haben und suchen. Und sehen Sie, das ist die Liebe: Geduld haben und suchen.

Hermann Bahr

Der Gärtner

Er weiß in das Leben der kleinsten Blumen hineinzublicken;
er kennt sie nicht vom Sehen und vom Hörensagen. Er ist in
ihr Vertrauen eingedrungen, und wie der Käfer kennt er des
Kelches Tiefe und Grund …

Es ist nicht das weite Land, darin er wohnt, bei dem er den
Lenz gelernt hat; es ist ein enger Garten, von dem er al-
les weiß, sein Garten, seine stille, blühende und wachsende
Wirklichkeit, in der alles von seiner Hand gesetzt und ge-
lenkt ist und nichts geschieht, was seiner entbehren könnte.
Die kleinste Blume, die da entstand, hat er zur Taufe ge-
halten und jeder Rose hat er die Mauer hinaufgeholfen zu
dem Platz, wo sie lächeln und leben wollte. Die Bäume, die
draußen in der Heide stehen, sind ihm fremd wie die Men-
schen, die draußen wohnen; aber seiner Bäume Kindheit hat
er Tag für Tag überwacht und hat teilgenommen an ihnen
wie an Brüdern. Darum liebt er die großen Winde dieses
Landes, weil sie sich wie Hände an seine Bäume legen und
das, was er geplant hat, bilden und biegen in den bewegten
Nächten des Frühlings, wenn die Stämme, steigender Säfte
voll, wie Fontänen stehen im Sturm. Und der weite Himmel
ist ihm lieb, weil er seiner kleinen Blumen Licht und Regen
ist und der Glanz auf den Blättern seiner Bäume und in den
Fenstern des weißen Hauses, das mitten im Garten steht.

Er ist der Gärtner dieses Gartens, wie man der Freund einer
Frau ist: Leise geht er auf seine Wünsche ein, die er selbst

erweckt hat, und sie tragen ihn weiter, indem er sie erfüllt. Was er ihm im Herbst vertraut, kommt ihm neu im Frühling entgegen, und was er in den Frühling legt, bleibt nicht so, wächst, wächst in den Sommer hinein, hat ein Leben für sich und seinen eigenen Tod in den tödlichen Tagen des Herbstes. So lebt er sein Leben in den Garten hinein, und dort scheint es sich auf hundert Dinge zu verteilen und auf tausend Arten weiterzuwachsen. In diesen Garten schreibt er seine Gefühle und Stimmungen wie in ein Buch; aber das Buch liegt in den Händen der Natur, die wie ein großer Dichter die flüchtigsten seiner Einfälle gebraucht, um sie auf eine unerwartete Weise auszuführen. So hat er einen Baum gepflanzt oder eine Laube geflochten um des Frühlings willen; und er hat den Baum schlank und zart und die Laube locker gemacht, wie es im Sinne des Frühlings war. Aber die Jahre gehen, der Baum und die Laube verändern sich, sie werden reicher, breiter und schattiger, der ganze Garten wird dichter und rauscht immer mehr, – und so reißen die Dinge, die er aus einem frühlinglichen Empfinden gepflanzt hat, ihn mit, in den Sommer hinein, in den sie sich immer tiefer verlieren.

Rainer Maria Rilke

Lohnte es sich?

Man legte einander die Frage vor: Lohnte sich dieses Leben oder sollte es nicht besser gewesen sein, wenn man gar nicht geboren wäre, wenn man das Dunkel da unten niemals verlassen hätte?

Dazu wurde einerseits dieses angeführt: Das Leben besteht aus Halunken, aus Ärger, aus Fahrten im Automobilomnibus, aus verbrannten Kalbskotelettes, aus Hast, Drang und Unrast, aus Zahnschmerzen, Theaterpremieren und Zigarrenstummeln, Bettel, Zank und aus Ekel, Ekel, Ekel.

Andererseits wurde zu der Frage folgendes angeführt: Soeben steht ein klarer Januarsonnentag über unserer Ebene. Weiße Wolken gehen vor dem Ostwind langsam dahin und haben rote flammende Ränder. Der Himmel ist gegen den Horizont blass, gegen den Zenit immer tiefer blau, und siehst du senkrecht hinauf, so blickst du in die klare, mächtige Tiefe des Kosmos. Und gerade vor dieser Tiefe kreist ein Taubenschwarm und ist bald golden, bald dunkel, je nachdem er den Rhythmus seines Flügelschlages der Sonne zuwendet oder nicht.

Und nun antwortet man auf jene Frage so: Böte das ganze Leben an Gutem nichts als diese Taubensekunde, aus den Nächten des Nichts schrie ich nach ihm; schrie ich nach ihm.

Victor Auburtin

Freude verdoppelt sich,
wenn man sie teilt

Die Welt ist so leer, wenn man nur Berge, Flüsse und Städte darin denkt; aber hier und da jemand zu wissen, der mit uns übereinstimmt, mit dem wir auch stillschweigend fortleben, das macht uns dieses Erdenrund erst zu einem bewohnten Garten.

Johann Wolfgang von Goethe

Über die Freundschaft

Miteinander reden und lachen,
füreinander dasein und einander helfen.
Gemeinsam schöne Bücher lesen,
scherzen, aber zugleich auch Respekt erweisen.
Gelegentlich anderer Meinung sein,
aber ohne Gehässigkeit, ganz so,
wie man auch mit sich selbst im Widerstreit liegt.
Gerade durch diese Meinungsverschiedenheit
die vorherrschende Eintracht würzen,
einander etwas lehren und voneinander lernen.
Abwesende schmerzlich vermissen,
Zurückkehrende freudig empfangen
durch Zeichen der Liebe und Gegenliebe,
die von Herzen kommen,
die sich in Miene, Stimme, Blicken und
tausend freundlichen Gesten äußern.
Die Herzen wie Zündstoff entflammen
und aus Zweien eins werden lassen.

Augustinus Aurelius

Von der Freundschaft

Euer Freund ist die Antwort auf eure Bedürfnisse.
Er ist das Feld, auf das ihr mit Liebe sät und
mit Dankbarkeit erntet.
Er ist eure Nahrung und euer Zuhause.
Denn ihr geht hungrig zu ihm und sucht bei ihm Frieden.

Wenn euer Freund seine Meinung sagt,
so fürchtet ihr nicht das eigene „Nein"
oder haltet ein „Ja" zurück.

Und wenn er schweigt, so lässt euer Herz nicht ab,
dem seinen zu lauschen.
Denn ohne Worte werden in der Freundschaft
alle Gedanken, Wünsche und Sehnsüchte
geboren und miteinander geteilt, in stiller Freude.

Wenn ihr den Freund verlassen müsst, so trauert ihr nicht;
denn was ihr am meisten an ihm liebt,
mag sich in der Ferne noch klarer erweisen,
so wie sich der Berg dem Bergsteiger vom Tal aus
deutlicher zeigt.

Und lasst keinen anderen Zweck eurer Freundschaft zu
als die Erweiterung der Seele.

Denn Liebe, die nur ihr eigenes Innerstes
aufdecken möchte, ist nicht Liebe,
sondern ein ausgeworfenes Netz, das nur Wertloses
einfängt.

Und gebt eurem Freund euer Bestes.
Wenn er von der Ebbe eures Daseins wissen soll,
dann teilt mit ihm auch eure Flut.
Denn was ist ein Freund, mit dem man nur
die Zeit totschlagen will?
Sucht ihn auf, um die Stunden mit Leben zu füllen.
Denn er soll eure Bedürfnisse ausgleichen,
aber nicht eure Leere.

Und im Glück eurer Freundschaft soll Lachen
und gemeinsames Vergnügen sein.
Denn im Tau der kleinen Dinge
findet das Herz seinen Morgen und wird erfrischt.

Khalil Gibran

135

Oh, das Wohlgefühl, das unaussprechliche Wohlgefühl, sich bei einem Menschen sicher zu fühlen, weder Gedanken zügeln noch Worte wägen zu müssen, sondern sie aussprechen zu dürfen, wie sie kommen, Spreu und Weizen in einem, und zu wissen, eine freundliche Hand wird sie aufnehmen und sondern – bewahren, was des Bewahrens wert ist, und das Übrige mit gütigem Hauch hinwegblasen.

George Eliot

Vertrauen ist keine edle Tat, wie viele meinen; Vertrauen kann gewirkt werden durch Einsicht und Güte, Liebe, wenn Sie wollen; und ich kann niemandem mehr schuldig sein als dem, der mir Vertrauen ablockt. Den verehre ich, der entzückt mich, das ist mein geliebter Freund, dem ich alles sagen kann; dem ich sehr viel nicht zu sagen brauche, der mich ganz durchsieht.

Rahel Varnhagen

Der arme Hirt

Am frühen Morgen kam der arme Hirt Amyntas aus dem dichten Hain, das Beil in seiner Rechten. Er hatte sich Stäbe geschnitten für einen Zaun und trug ihre Last gekrümmt auf der Schulter. Da sah er eine junge Eiche neben einem rauschenden Bach, der hatte ihre Wurzeln freigelegt, und der Baum stand traurig da und drohte zu sinken.

Schade, sprach er, nein, dein Wipfel soll nicht vom Spiel der Wellen umgeworfen werden. Nun nahm er die schweren Stäbe von der Schulter. Ich kann mir andere Stäbe holen, dachte er, und er baute einen starken Damm vor den Baum und grub frische Erde. Dann nahm er sein Beil auf die Schulter und lächelte noch einmal, zufrieden mit seiner Arbeit, in den Schatten des geretteten Baumes hin und wollte in den Hain zurück, um andere Stäbe zu holen.

Aber eine der Dryaden, Schutz-Göttinnen der Eichen, die mit dem Baum entstehen und auch wieder mit ihm verge- hen, rief ihm mit lieblicher Stimme aus der Eiche zu: „Soll- te ich dich unbelohnt weglassen, gütiger Hirt? Sag mir, was wünschst du dir zur Belohnung? Ich weiß, dass du arm bist und nur fünf Schafe besitzt."

„Oh, wenn du mir zu bitten vergönnst, Nymphe", so sprach der arme Hirt, „mein Freund Palemon ist seit der Ernte schon krank, lass ihn gesund werden!"

So bat der Redliche, und Palemon wurde gesund; aber Amyntas sah den mächtigen Segen in seiner Herde und bei seinen Bäumen und Früchten, und er wurde ein reicher Hirt, denn die Redlichen bleiben nicht ungesegnet.

Nach Salomon Gessner

Liebeslied

Dich sehen
ist: die Heimat haben!
Dich sehen
ist: zu Hause sein!
Alle Sehnsucht ist begraben,
alle Wünsche schlummern ein!

Und ich weiß nichts mehr von draußen,
weiß nichts mehr von Müh und Plag,
und wie einsam es gewesen
und wie freudlos jeder Tag!

Alles, ach, ist selig schöner
Friede nur und Sonnenschein!
Dich sehen
ist: die Heimat haben!
Dich sehen
ist: zu Hause sein!

Cäsar Flaischlen

Reors Geschichte

Es war ein junger Mann, der hieß Reor und galt als der beste Jäger der Gegend. Er war frei geboren, aber arm, schön, aber nicht sehr groß, stark, aber sanft. Er zähmte junge Fohlen allein mit seinen Blicken und Worten und konnte mit einem einzigen Ruf die kleinen Vögel zu sich locken. Fast immer hielt er sich im Wald auf, und die Natur hatte große Macht über ihn. Das Wachsen der Pflanzen und das Knospen der Bäume, das Spiel der Hasen auf den Waldlichtungen und der Sprung des Barsches in den abendstillen See, der Wandel der Jahreszeiten und der Wechsel der Witterungen waren die Hauptereignisse in seinem Leben. Eines Tages erlegte er tief im Wald mit einem einzigen Schuss einen alten Bären, häutete ihn und ging mit dem Fell auf dem Rücken weiter. Kurz darauf verspürte er einen betörenden Honigduft, der kam von vielen kleinen Blumen, die den Boden bedeckten. Er spürte: Das war ihr sehnsüchtiger Ruf aus dem einsamen Waldesdunkel nach schönen Schmetterlingen, die die Blumen sich zu Gast wünschten. Und wirklich durfte Reor bald darauf erleben, wie ein ganzes Heer von weißbeschwingten Honigsuchern sich auf die kleinen Blumen niedersenkte. Nun gab es ein Fest- und Trinkgelage um jede Blume. Der Wald war voll von stillem Jubel.

Reor ging weiter. Doch der sehnsüchtige, honigsüße Duft folgte ihm auf jedem Schritt und erfüllte ihn mit stiller

Freude im Herzen, so als erwartete ihn ein großes unbekanntes Glück, zu dem er nur noch den Weg finden musste. Da ringelte sich vor ihm auf dem schmalen Weg eine weiße Schlange. Er bückte sich, um das glückbringende Tier aufzuheben, aber es entglitt seinen Händen und schlängelte weiter den Pfad hinauf, rollte sich dann zusammen und lag still. Doch als er wieder nach ihr griff, geschah dasselbe – so lockte sie ihn immer weiter vom Weg ab in einen dichten Föhrenwald. Dort findet man selten Rasen, doch nun verschwanden plötzlich das trockene Moos, Nadeln, Farnkräuter und Preiselbeerbüsche. Reor fühlte seidenweiches Gras unter seinen Füßen. Darüber zitterten federleichte Blütenrispen auf sanftgeneigten Stängeln. Eine wundersame kleine Wiese, auf die durch die Föhrenzweige hindurch die Sonne schien.

Aber direkt hinter der Wiese erhob sich eine riesige Felswand senkrecht aus dem Boden, wie die Giebelwand einer Riesenbehausung. Hier war es drückend heiß und seltsam still. Kein Vogel, keine Nadel rührte sich, als hielte alles den Atem an, um in unbeschreiblicher Spannung zu warten und zu lauschen. Ein Schauer durchrieselte Reor, als sollte er bald etwas überaus Schönes zu sehen bekommen. Da erschien die weiße Schlange wieder, auf einem Vorsprung in der Bergwand – und dicht unter ihr lag im weichen Gras ein Mädchen, das mit nichts als einem spinnwebdünnen Schleier über sich dort schlief, als habe es die Nacht hindurch im Elfenreigen getanzt.

Reor wusste sogleich: Dieses Mädchen wollte er zu seiner Frau machen. Aber er näherte sich ihr nicht. Er, der die Sprache der Natur besser kannte als die der Menschen, lauschte dem großen ernsten Wald und dem strengen Berg. „Sieh", sagten sie, „dir, der du die Wildnis liebst, geben wir unsere schöne Tochter. Sie passt besser zu dir als die Töchter der Ebene. Reor, bist du dieser edelsten Gabe würdig?" Da dankte er von Herzen der großen wohltätigen Natur, entrollte das Bärenfell und warf es über das schöne Mädchen, damit es nicht weiter so unverhüllt dort liegen sollte. Als er dies tat, erdröhnte hinter der Felswand ein Lachen, von dem die Erde erzittete, kein höhnisches, nein, ein befreiendes Riesengelächter! Die furchtbare Stille und die drückende Hitze hatten ein Ende. Ein sanfter Wind entfachte neuen rauschenden Gesang in den Nadeln der Bäume, und der glückliche Jäger fühlte, dass der ganze Wald den Atem angehalten hatte, in Unruhe, wie die Tochter der Wildnis von dem Menschensohn behandelt werden würde. Die weiße Schlange schlüpfte jetzt in das hohe Gras, aber die Schlummernde war wie in einen Zauberschlaf versunken und regte sich nicht. Da rollte Reor sie in die grobe Bärenhaut, sodass nur noch ihr Kopf aus den braunen Zotteln hervorguckte. Obgleich sicherlich eine Tochter des alten Riesen, war sie doch zart und fein gebaut, und der starke Jäger hob sie in seine Arme und trug sie fort durch den Wald. Nach einem Weilchen fühlte er, wie jemand seinen Hut abhob. Die Riesentochter war erwacht, sie blieb ganz still, aber sie wollte sehen, wie der Mann aussah, der sie trug. Er ließ es gewähren und machte größere Schritte, sagte aber nichts. Das Mädchen musste wohl gemerkt haben, wie ihm die Sonne nun heiß auf den Kopf brannte. Darum hielt sie nun den Hut über ihn wie einen Sonnenschirm, aber so, dass sie immer in sein Gesicht sehen konnte. Da wusste er, dass er nichts zu sagen, nichts zu fragen brauchte. Stumm trug er sie hinab zu seiner Hütte. Doch sein ganzes Wesen durchbebte Glückseligkeit, und als er auf der Schwelle seines Heims stand, da sah er, wie die weiße Schlange, die Glück ins Haus bringt, unter die Grundmauer schlüpfte.

Nach Selma Lagerlöf

Mögen alle deine Träume wahr werden,
mögen alle deine Himmel blau sein,
mögen alle deine Freunde wahrhaft Freunde sein,
mögen alle deine Freuden vollkommen sein,
mögen Glück und Lachen alle deine Tage ausfüllen.

Irischer Segenswunsch

Wir sind alle Blätter an einem Baum,
keins dem andern ähnlich,
das eine symmetrisch, das andere nicht,
und doch gleich wichtig dem Ganzen.

Georg Christoph Lichtenberg

Brief an meine Kinder

Stellt Ansprüche an Euch und Eure Freunde. Nach Anerkennung streben macht Euch unfrei, wenn Ihr sie nicht mit Anmut auch entbehren könnt, und das gelingt nicht jedem. Hört nicht auf billigen Beifall.

Die Menschen, die Euch sonst begegnen, nehmt, wie sie sind. Stoßt Euch nicht gleich an dem, was fremd ist oder Euch missfällt, und schaut auf die guten Seiten. Dann seid Ihr nicht nur gerechter, sondern bewahrt Euch selbst vor der Engherzigkeit. Im Garten wachsen viele Blumen. Die Tulpe blüht schön, aber sie duftet nicht, und die Rose hat ihre Dornen. Ein offenes Auge aber freut sich auch am unscheinbaren Grün. So entdeckt man bei den Menschen meist verborgene erfreuliche Seiten, wenn man sich erst mal in sie hineinversetzt. Wer nur mit sich selbst beschäftigt ist, hat dafür keinen Sinn. Glaubt mir aber, liebe Kinder, das Leben erschließt sich Euch erst dann im kleinen Kreise und im Großen, wenn Ihr nicht nur an Euch, sondern auch an die andern denkt, sie miterlebt. Wer beim Musizieren sich nur an seine Stimme klammert oder gar

nur sich selbst hören möchte, dem entgeht das Ganze. Wer es aber recht erfüllt, lebt auch beim edlen Verklingen seines Instruments mit in den anderen Stimmen. Wenn Ihr Euer Leben so einstellt, wird es von diesem weiten Geist ganz und gar durchdrungen. Es geht nicht nur darum, hin und wieder hilfsbereit einzuspringen. Das macht gewiss viel Freude. Wer aber herzlich dankbar annimmt, gibt oft mehr. Den Menschen gerecht zu werden, gehört dazu, und wohlwollend an ihnen teilzunehmen, nie Spielverderber sein. Aus diesem Geist entspringt dann ganz natürlich als Form des Umgangs auch die Höflichkeit, die Euch die Menschen gewinnt. Pflegt sie als feine, lebenskluge Kunst des Herzens.

Klaus Bonhoeffer

Desiderata

Geh gelassen inmitten von Lärm und Hast
und erinnere dich an den Frieden der Stille.
Sei soweit als möglich, ohne dich selbst aufzugeben,
mit jedermann auf gutem Fuß.

Äußere deine Wahrheit ruhig und klar und höre anderen zu,
selbst den Langweiligen und Unwissenden,
auch sie haben ihre Geschichte.

Meide die Lauten und Streitsüchtigen, sie verdrießen den Geist.
Vergleichst du dich mit anderen,
kannst du hochmütig oder verbittert werden,
denn immer wird es Menschen geben,
die besser oder schwächer sind als du.

Erfreue dich an deinen Erfolgen und an deinen Plänen.
Bemühe dich um deinen eigenen Werdegang,
wie bescheiden er auch sein mag;
er ist ein wahrer Besitz im wechselnden Geschick der Zeit.

Sei achtsam bei Geschäften, denn die Welt ist voll Betrug.
Aber das soll dich nicht blind machen für das Gute:
Viele Menschen streben nach hohen Idealen,
und Helden gibt es überall im Leben.

Sei du selbst. Täusche vor allem keine Zuneigung vor.
Sei auch nicht zynisch in Liebesdingen,
denn trotz aller Erstarrung und Entzauberung
ist sie so widerstandsfähig wie Gras.

Nimm freundlich den Ratschlag des Alters an
und verzichte mit Anmut auf die Dinge der Jugend.
Stärke die Kraft deines Geistes,
um dich bei plötzlichem Unglück zu schützen.

Aber quäle dich nicht mit dunklen Gedanken.
Viele Ängste entstehen aus Erschöpfung und Einsamkeit.
Bei aller notwendigen Disziplin sei freundlich mit dir selbst.

Du bist ein Kind des Universums, so wie die Bäume und Sterne.
Du hast ein Recht auf dein Hiersein.
Und ob du es begreifst oder nicht,
die Welt entfaltet sich genauso, wie sie soll.
Bleibe also in Frieden mit deinem Schöpfer,
was auch immer er für dich bedeutet.
Und was immer deine Bemühungen und Sehnsüchte
in der lärmenden Wirrnis des Lebens seien –
bewahre den Frieden in deiner Seele.

Trotz aller Täuschungen, Strapazen und zerronnenen Träume
ist es dennoch eine schöne Welt.
Sei frohgemut. Strebe danach, glücklich zu sein.

Max Ehrmann

Quellen

Hans Christian Andersen, Der Schmetterling, nacherzählt von Kristina Schaefer

Elizabeth von Arnim, Frühling im Garten, Auszug aus: Elizabeth And Her German Garden, aus dem Englischen von Kristina Schaefer

Daniel Defoe, Auszug aus: Robinson Crusoe, aus dem Englischen von Kristina Schaefer

Max Ehrmann, Desiderata, aus dem Englischen von Kristina Schaefer

Salomon Gessner, Der arme Hirt, nacherzählt von Kristina Schaefer

Khalil Gibran, Von der Freundschaft, aus dem Englischen von Kristina Schaefer

Paul Keller, Alles hat seine Zeit, nacherzählt von Kristina Schaefer

Selma Lagerlöf, Reors Geschichte, aus dem Schwedischen von Kristina Schaefer

Andrea Schomburg, Des Alltags bunt getupftes Grau, © bei der Autorin

Eva Strittmatter, Anbeginn, aus: Eva Strittmatter. Sämtliche Gedichte. Erw. Neuausgabe © Aufbau Verlage GmbH & Co. KG, Berlin 1975, 2015 (Das Gedicht erschien erstmals 1975 in E. S.: Mondschnee liegt auf den Wiesen, im Aufbau-Verlag, Berlin und Weimar)

Voltaire, Die Zeit, aus dem Französischen von Kristina Schaefer

Walt Whitman, Das Lied der Welt, Tagesanbruch, aus dem Englischen von Kristina Schaefer